Alexander Larch
Geboren 1970 in Meran. Studium der Politikwissenschaften, Medien und Geisteswissenschaften in Innsbruck, danach Mitarbeit bei Radio Tandem in Bozen. Seit 2000 Mitarbeiter der Sozialen Genossenschaft independent L. in Meran sowie des Informationsdienstes im Dachverband der Sozialverbände Südtirols; dort Chefredakteur der Newsletter Soziales-Sociale.

Angelika Unterholzner
Geboren 1969 in Lana. 1992 Gesellenprüfung als Fotografin, danach Studium der Sozialwissenschaften in New York und Wien; Vorstandsmitglied bei der Südtiroler HochschülerInnenschaft. Von 1997 bis 1999 Veranstalterin der Nightline im k/haus Wien, seit 1999 Mitarbeiterin des Drehbuchforum Wien.

www.sprechensie.at

Alexander Larch · Angelika Unterholzner

Sprechen Sie Südtirolerisch?

Ein Sprachführer für Einheimische
und Zugereiste

UEBERREUTER

Für unsere Freunde und Familien

ISBN 3-8000-7047-2
Alle Urheberrechte, insbesondere das Recht der Vervielfältigung,
Verbreitung und öffentlichen Wiedergabe in jeder Form, einschließlich
einer Verwertung in elektronischen Medien, der reprografischen
Vervielfältigung, einer digitalen Verbreitung und der Aufnahme
in Datenbanken, ausdrücklich vorbehalten.
Covergestaltung: Maria Schuster
Coverfoto: www.fotoarchiv.it
Copyright © 2004 by Verlag Carl Ueberreuter, Wien
Druck: Theiss, A-9431 St. Stefan i. L.
3 5 7 6 4 2

Ueberreuter im Internet: www.ueberreuter.at

Inhalt

Ein besonderes Deutsch 6

Südtirolerisch von A bis Z 8

Eine besondere Geschichte 92

Literatur 95

Ein besonderes Deutsch

Das heiligste Kulturgut der Südtirolerinnen und Südtiroler ist die deutsche Sprache. Um deren Erhalt haben die Bewohner/innen der italienischen Provinz im vergangenen Jahrhundert nicht nur in Verhandlungen und bei Demonstrationen, sondern auch mit Bomben gekämpft. Heute ist der Gebrauch des Deutschen durch Gesetze und Verträge abgesichert, aber noch immer gelingt es mit Leichtigkeit, die Bevölkerung in Aufregung zu versetzen, wenn es um Erhalt oder Verlust der deutschen Sprache geht.

Obwohl der Südtiroler Dialekt eine Variante des Deutschen ist, werden manche Wörter schon in Nordtirol nicht mehr verstanden, weil sie gar nicht oder in einem anderen Kontext verwendet werden. Wer weiß dort schon, dass mit *Kasino* nicht die Spielhölle und mit *Knottenkino* nicht der neueste Luis-Trenker-Film gemeint ist?

Hinzu kommt noch, dass in Südtirol keine einheitliche Mundart gesprochen wird, sondern viele verschiedene unverkennbare Tal- und Ortsdialekte. Zumindest war das lange Jahre so. In letzter Zeit aber hat eine Angleichung dieser Mundarten stattgefunden, eine »Stadtmundart« setzt sich immer mehr durch. Auch im regionalen Rundfunk und Fernsehen wird mittlerweile »standarddialektal ausgeglichen« gesprochen: etwas zwischen Hochsprache und Dialekt.

In den alltäglichen Sprachgebrauch aufgenommen haben die Südtiroler/innen viele italienische Sprachmuster. So wird z. B. bei Schimpfwörtern eindeutig die italienische Sprache bevorzugt. Aber auch andere Wörter wurden ganz selbstverständlich eingedeutscht: Ungeniert wird heute drauflos »parliert«. Junge Menschen haben kaum mehr Angst vor Verlust von Kultur und Muttersprache. Ihre Umgangssprache verändert sich durch den zunehmenden Verkehr mit und zwischen verschiedenen Sprachen und Kulturen, durch Schulbesuche außerhalb der Dörfer und nicht zuletzt durch die Satellitenschüsseln auf den Dächern. Mit Vergnügen nehmen sie nicht nur Italianismen, sondern auch Anglizismen in ihre Sprache auf. Im Extremfall hört sich das dann auch mal so an: *In dr Friah wor i in dr Palestra und af Nåcht saimr schëiken gången.*

Einen Aufschwung erlebt die Mundart derzeit im Schriftlichen. Eine nicht unwesentliche Rolle spielen hierbei die elektronischen Medien, die generell den saloppen Umgang mit Sprache unterstützen. In Chatrooms und E-Mails wird im Dialekt geschrieben und auch in SMS wird sich beliebter dialektaler Redewendungen bedient. Inzwischen spricht sogar Asterix Südtirolerisch …

Alexander Larch, Dorf Tirol
Angelika Unterholzner, Wien

A

aa	auch. *Aa sou?* (Ach so?)
a, an	ein, eine (der unbestimmte Artikel wird oft auch als *e, en* ausgesprochen)
Aagn	Nadeln von Nadelbäumen (auch: *Plissn*)
af Nåcht	abends, am Abend (auch: *afn Owet, afn Obet*)
Affare	(ital.) lohnendes Geschäft. *Des isch an Affare.*
aföre	(Pust.) draußen
åfter	(auch: *dråfter*) nach. *Åftern Essen* ist nach dem Essen. Der *Åftermittog* oder *Nommitog* ist der Nachmittag.
Ågsl	Achsel
Aigl	Diminutiv von Auge (*Aug*). *Dèr håt an Aigl af di gworfn.* (Er hat ein Auge auf dich geworfen.)
ainer	(auch: *inner*) herein
aini	hinein; *ainimugln / innimugln* (sich hineindrängen, -schwindeln); *ainischliëfn* (hineinschlüpfen; arschkriechen)
akrat	ausgerechnet jetzt, genauso wie, akku-

	rat, tatsächlich. *Akrat haint kimp'r.* (Ausgerechnet heute kommt er.)
al dente	(ital.) bissfest. Nudel sollten *al dente* sein.
ållemål	(auch: *ålleweil, ålm*) jedes Mal, immer. *Es isch ållemål 's glaiche.* (Es ist jedes Mal dasselbe.)
allokkio	(ital. *all'occhio*) so ungefähr (Pust. *all Auge*)
alluan	(auch: *alloan, alluanig*) alleine
åltfatrisch	(auch: *åltfotrisch*) altmodisch
Alto Adidsche	(ital. *Alto Adige*) Südtirol
ament	(von: *am Ende*) möglicherweise
amerscht	zuerst, vorher, zuvor, früher; sowieso
anånder	einander; *aus(a)nånder* (auseinander)
ånni	(auch: *ummi*) hinüber
Antn	Ente(n)
antrisch	unheimlich, nicht geheuer. *Des isch an antrische Hitt.* (Das ist ein unheimliches Haus.)
anzi	(ital.) im Gegenteil; besser noch. *Anzi, sell isch mir nou liabr.* (Das ist mir sogar noch lieber.)
Ape	motorisiertes Dreirad (ital. Marke)
Aport	Abort, Toilette (auch: *Haisl, Klosett*)
Assessor	(ital. *assessore*) südt. Amtsdeutsch: Landesrat; Ressortleiter in der Landes- oder Stadtverwaltung
asunter	(auch: *ausunter)* aus dem Weg (gehen)

aswia	(auch: *aswië*) *Blëider aswia di Nåcht finschter* bedeutet, dass jemand ausgesprochen dumm ist.
Attimo	(ital.) Augenblick, Moment. *Wenn an Attimo wårtesch, når kimm i glai mit.* (Wenn du einen Augenblick wartest, dann komme ich gleich mit dir mit.)
audeitschn	(auch: *auteitschn*) erklären
audrahnen	sich aufregen, Wirbel machen; aufdrehen
auer	herauf
aufblèckn	aufdecken (beim Kartenspiel die Karten)
aufgian låssn	feiern, Stimmung machen
aufhussn	aufhetzen
aufihrn	(auch: *auffihrn*) aufführen (Bühne); sich danebenbenehmen. *Brauchsch nit a sou a Tiattr aufihrn.* (Mach doch nicht so ein Theater.)
aufklaubm	(vom Boden) aufheben
aufplanen	(auch: *planen*) blähen
augasn	aufdrehen, sich aufregen (auch: *audrahnen*)
auhausn	in Konkurs gehen, Pleite gehen (auch: *auschnåppm*)
aui	(auch: *ai, aufi, auchn*) hinauf. *Kimsch aui afn Baam?* (Schaffst du es, auf den Baum zu klettern?)
aukåltn	aufheben, behalten. *Des ålte Glumpat wèrsch woll nit aufkåltn welln.* (Das alte Zeug wirst du doch nicht aufheben wollen?)

aulousn	zuhören, jemandem Gehör schenken, glauben
auriarn	umrühren, aufrühren (Speisen)
auschnåppm	in Konkurs gehen (auch: *auhausn*); aufschnappen, hören
ausfisln	Hülsenfrüchte von der Hülse befreien
ausfratschln	aufdringlich ausfragen
ausgroßn	(auch: *außigroßn*) fremdgehen, untreu sein
ausgschissn	Vertrauen, Zuneigung verloren. *Du håsch ausgschissn ba mier, du ålte Raatschkattl.* (Ich habe kein Vertrauen mehr zu dir, du alte Tratschtante.)
auskemmen	auskommen, sich vertragen; entgleiten, entkommen. *Wou isch dèr denn auskemmen?* (Von wo ist der denn ausgebüxt?)
ausnånder	auseinander
außi	(auch: *außn*) hinaus; *außipugsirn* (hinaus-, aus dem Haus werfen, loswerden; auch: *verliefern*)
außr	heraus
auszuzzln	aussaugen
awanti	(ital. *avanti*) weiter, vorwärts. *Wenn du iatz nit folgsch, geahts obr awanti!* (Wenn du jetzt nicht gehorchst, passiert gleich was!)
awas!?	(auch: *awà!?*) wirklich!? In der Tat?
awèk	(auch: *wèk*) weg, fort

B

abcdefghijklmnopqrstuvwxyz

Wörter, die Sie unter B nicht finden,
stehen sicher unter P

ba	bei. *Treffmr ins ba dir um fünfe.* (Wir treffen uns bei dir um fünf Uhr.)
Baam	Baum. Wenn Kinder auf Bäume klettern, dann *tian si baamkraksln. A Bamele* (auch: *Baaml*) ist ein Bäumchen, *a Baamhackl* sowohl die rissige Haut, Frostbeule als auch der Specht.
båchn	backen. *Håsch fir dein Bsuach schun an Turtn gebåchn?* (Hast du für deine Gäste schon eine Torte gebacken?)
baff	(auch: *paff*) erstaunt
Baggaasch	(franz.) Gesindel
Baien	(auch: *Beien, Beidn*) Bienen
Baitl	Beutel; Hoden
baitln	beuteln, schütteln
Bajazzo	(ital. *baiazzo*) unterhaltsamer, clownesker Kerl (auch: *Kaschper*)
Bakkano	Bauerntölpel, Schimpfwort
Balkon	Balkon; Brust, Busen (auch: *Vorbau, Holz ba dr Hittn*)
Balla	(ital.) Blödsinn, Humbug, Lügenmärchen

ban	(auch: *bam, pam* oder *pan*) bei dem, beim. *Treffmr ins ban Jogg?* (Treffen wir uns beim Jakob?)
banånd	(auch: *beinånd*) in guter, schlechter Verfassung sein. *Wia bischn du hait banånd?* (Wie schaust du denn heute aus?); *banånder* (zusammen)
Banko	(ital. *banco*) Theke, Tresen (auch: *Pudl*)
baschglen	basteln
Baschtá!	(ital. *basta*) aus! Schluss jetzt!
Bastardo	(ital.) Bastard, Sauhund (auch: *Baschtardo*)
Bauchribler	ein kuscheliger Tanz zu langsamer Musik (auch: *lento tånzn*)
beas	böse
begl(e)n	(auch: *bëigln, piagln*) bügeln
beißn	jucken; beißen
Bek	Bäcker. *Zan Bek lafn a Brout kafn.* (Zum Bäcker gehen Brot kaufen.)
bèmsn	drängen
bèrig	toll. *Des wor a bèrige Serata.* (Das war ein toller Abend.)
Bèrndreck	Lakrizze
Bèschtia!	(ital. *bestia*, Bestie) Ausruf der Verwunderung, des Staunens; böser Mensch, Kanaille (auch: *Weschtia!*)
betaggln	betrügen, übervorteilen
betoniern	hauen, Schläge austeilen. *I betonier dr glai uane.* (Ich hau dir gleich eine runter.)

bettschwar	»bettschwer«, müde
Biabl	kleiner Bub. *Gib des in de Biablen.* (Gib das den Buben.)
biatn	(auch: *biëten*) bieten. Einsatz beim *Wattn*
Bierl	Diminutiv von Bier
Bims	(auch: *Pims*) belegtes Brot
Bir(n)	Birne; Kopf, Schädel. *Geschtrn hån i uans auf di Bir gekriag.* (Gestern bekam ich einen Schlag auf den Kopf.)
birschtn	bürsten
Bissgur(n)	böse, bissige, unhöfliche Frau
bissl	(auch: *bissele*) ein bisschen
Bix	Gewehr
bixl(e)n	bezahlen
blåsn	blasen
blèchn	bezahlen (auch: *brennen*)
blècket	blank, bloß, entblößt
blia(d)n	blühen
Bliaml	Diminutiv von Blume (*Bluam*). *Bliamlen* sind mehrere Blumen. Im Pustertal sagt man *Bluim(en)*.
Bliatn	Blüten
bliatn	bluten. *Du bliatesch jå wia a Sau.* (O Gott, du blutest wirklich sehr stark.)
bloob	blau
Bloobm	(auch: *Bloober*) Bluterguss, blauer Fleck

Blootr	Blase, Hautblase
Bluier	unförmiger grobschlächtiger Mann, Grobian, Schimpfwort für einen dummen Mann (auch: *Bluiwasch*)
bluin	(auch: *bluidn*) verprügeln, schlagen
boade	(auch: *beade*) beide
bocknåret	(völlig) verrückt
Bombola	(ital.) Gasflasche
Bona	(ital. *buona*) attraktive Frau
borfueset	barfuß
Breckl	kleiner Brocken. *Geasch a Brekl miit?* (Begleitest du mich ein Stück?)
Brennetliab	Geranie, Topfpflanze, die auf keinem Südtiroler Balkon fehlen darf
bresln	bröseln. *'s herte Brout fir di Knëidl zerbresln.* Auch: *Breisl måchn.* (Das harte Brot für den Knödelteig zerbröseln.)
briatn	brüten. *I glab, du briatesch eppes aus.* (Ich glaube, du wirst krank.)
brillo	(ital. *brillo*) betrunken (auch: *knill, zua, moul, bsoffn, stotzlochvoll, zach*)
Brock	Stück
Brootr	Taschenuhr, Uhr
brottln	nörgeln, brummen, murren
Brout	(auch: *Broat*) Brot
brum(m)?	warum? wieso?
Brumbr	Brombeeren

brunzn	(auch: *prunzn*) pinkeln
Brusn	Brotkrumen, Brösel; *brusn* (bröseln). *I klaub di Brusn når glai zåmm.* (Ich hebe die Krümel gleich auf.)
bsinnen	sich an etwas erinnern
Bsuach	Besuch
Bsuff	Alkoholiker, Säufer
Bua	(auch: *Bue*) Bub
Buabua!	Ausdruck der Be- bzw. Verwunderung
Buandlen	(auch: *Puaner*) kleine Knochen; Obstkerne. *Wilsch des Buan onogn?* (Willst du den Knochen abnagen?)
Bugganagga	Huckepack, jemanden auf dem Rücken tragen
Buggl	Buckel, Rücken. *Du kånnsch mr in Buggl oirutschn.* (Rutsch mir den Buckel hinunter.)
buggln	schuften, hart arbeiten
Bundl	(auch: *Pundl*) Gefäß, Kanne aus Metall
Buschn	Strauch, Blumenstrauß; Büschel. *A Buschntegl* ist ein Blumentopf, *a Buschnschånk* die Einkehr, das Gasthaus.
Bussl	(auch: *Bussele*) Kuss, Küsschen. Wenn zwei sich küssen, dann *bussn* sie.
Bustapaga	(ital.; auch: *Buschtapaga*) Lohntüte
Buzzele	Baby

Wörter, die Sie unter D nicht finden, stehen sicher unter T
Alle Wörter mit C stehen unter K

då	da, hier
dai!	(ital.) Los! Weiter! Vorwärts! *Ma dai!* ist ein Ausruf der Verwunderung, Verärgerung.
daidai!	(ital.) wirklich! hoppla! flott, schnell; Ausruf, wenn etwas schnell gehen soll
daigsl(e)n	deichseln, hinbiegen, hinkriegen
daitn	deuten, winken
Dåmpf	(auch: *Tåmpf*) Dampf; Rausch (auch: *Hio, Fetzn, Tullje*)
Dånkschian	danke. *Und Dånkschian fir nix.* (Danke für nichts – Ausdruck der Enttäuschung, wenn die Bitte um Hilfe abgelehnt wird.)
Dåttermandl	(auch: *Tåttermandl*) Salamander; Pantoffelheld; zittriger alter Mann; *dertåttert* (verängstigt, eingeschüchtert)
Dåttlåff	Blödmann
de	(auch: *dëi*) die, diese
Dearn	(auch: *Dëirn*) Dornen
decht	doch. *Wèrsch decht zur Taf kemmen?* (Du wirst doch zur Taufe kommen?)
dechtersch	trotzdem

Deckl	Deckel; Schädel. *Uane afn Deckl kriagn* heißt, einen Schlag auf den Schädel zu bekommen oder unterlegen zu sein.
derfången	sich fangen, erholen (Krankheit, Schock)
derfriern	erfrieren. *Schir an Schait noch, suntsch derfriern mr nou.* (Leg ein Stück Brennholz nach, sonst erfrieren wir noch.)
dergaling	(auch: *ingaling, indergaling*) allmählich, irgendwann, nach und nach, bald
dergibig	lohnend. *Des dergib* heißt, dass eine Speise sehr sättigend oder etwas zur Genüge vorhanden ist.
dergiëhn	zergehen, schmelzen; gehen, es schaffen ein Stück zu gehen
derglången	erreichen, erlangen. *Derglångsch di Keks?* (Kommst du an die Kekse ran?)
dergschåffn	auskommen, sich vertragen
derhängen	etwas kaputt machen
derhoaßn	beschimpfen. *I låss mi vo der Tschutter decht nit ålls derhoaßn.* (Ich lasse mich von der Tussi doch nicht beschimpfen.)
derittlt	geistesgestört, verrückt
derkatzt	(ital. *incazzato, incazzarsi*) verärgert, stinksauer (auch: *ingazziert*)
derkuglen	sich totlachen (auch: sich *derschnelln*)
derlabm	erlauben
derlattert	verfallen, baufällig
derloadn	frustriert, überdrüssig, gelangweilt sein (auch: *stuff sein*). *Des isch derloaderlich.*

dermagget	zerbeult
dermatschn	zerdrücken
dermèrglt	(auch: *derfëiglt*) abgearbeitet, abgenutzt, ausgeleiert
dernåch	danach, nachher
derpåckn	etwas schaffen, überstehen, bewältigen
derrappln	sich erholen, aufrappeln. *Er wor letz banånd, obr iatz håttr sich wiedr derapplt.* (Es ging ihm sehr schlecht, aber jetzt hat er sich wieder erholt.)
derren	(auch: *deren*) dörren. Wenn man Birnen *derrt*, erhält man *Kloazn*.
dersaufn	ertrinken, ersaufen
derschnaggln	in der Lage sein, fähig sein
derschnaufn	(bei körperlicher Anstrengung) genug Luft bekommen; etwas schaffen
derschnelln	platzen. *Dr Tate isch fåscht derschnellt velauter Låchn.* (Der Vater ist fast geplatzt vor Lachen.)
derseegn	etwas noch sehen, bevor es aus dem Blickfeld verschwindet
dertåttert	verdutzt, ängstlich, sprachlos
dertènglt	verbeult
dertètscht	zerquetscht
dertian	(auch: *dertien*) rechtzeitig kommen. *Wenn i's dertua, når kimm i.* (Wenn ich es zeitlich schaffe, dann komme ich.)

derwail	derweil, inzwischen, während, solange. *Derwail hobm* (Zeit haben).
derwailång	sich langweilen, etwas vermissen
Derwischelus	Fangen spielen
derzëihln	erzählen, im Stande sein zu zählen
dia, dèr	(auch: *dëi, dië*) diese(r)
Dìl(e)	Dachboden; Stadel
dosig	hiesig, ortsansässig. Ein *Dosiger* (auch: *Doiger*) ist eine ortsansässige Person.
dr	der. *Dr Doktr isch do.* (Der Arzt ist gekommen.)
drahnen	drehen. *Giamr an Drahner måchn* ist so etwas wie eine Einladung, gemeinsam um die Häuser zu ziehen.
drau gian	verenden; nicht schaffen. *Do geasch drau!* (Das ist nicht zum Aushalten!)
Drogato	(ital.) Drogenabhängiger (auch: *Drogierter*)
drui	drei (Uhr)
drukn	drucken; jemanden umarmen; jemanden schlagen. *Druk di!* (Verschwinde!)
Dschiro	(ital. *giro*) Runde. *An Dschiro måchn* heißt eine Runde drehen. *In Dschiro sein* heißt unterwegs sein.
dschuro!	(ital. *giuro*) ich schwöre!
duckn	(auch: *tuckn, buckn*) bücken, ducken
durr	dürr, trocken; mager. *A durre Gitsch* ist ein mageres Mädchen.

E

ead	öde, langweilig, fad
Eardepfl	Erdäpfel, Kartoffel
ecket	(auch: *egget*) eckig
ee	ohnehin. *I bin ee entn.* (Ich bin ohnehin drüben.)
eini	(auch: *aini*) hinein
èkko!	(auch: *èggo!*) (ital. *ecco*) sieh an, sieh da
Ellet	Elend
ement	(auch: *ament*) vielleicht, etwa doch, wirklich
èndern	jenseits. Gegenteil von *hiagern*. *Di Toute lèp èndern Båch.* (Die Patin lebt jenseits des Flusses.)
enk	euch; Ihnen (Höflichkeitsform für ältere Semester); *Enker* (Euer), *Es* (Ihr)
entn	jenseits, drüben
Epfl	Apfel, Äpfel
epper gor	etwa schon. *Isch epper gor schun liacht drausn?* (Ist es etwa schon hell draußen?)

epper woll	hoffentlich, doch, wohl. *Dèr Zoch werd der Pfott woll epper nit a Poppele unghängt hobm?* (Der Mann wird der Frau doch wohl nicht ein Kind gemacht haben?)
epper	(auch: *eppr, eppa*) vielleicht, etwa. *Mågsch mi epper decht?* (Magst du mich etwa doch?)
eppes	etwas
erger	besser. Der *Ergere* ist der Bessere, Tüchtigere.
Èrper	Erdbeere, Erdbeeren
Ertig	(auch: *Èrchtig, Eirtig, Èrte*) Dienstag
Es	Ihr (Anrede gegenüber Respektspersonen). *Håpp Es schun gèssn, Oma?* (Habt Ihr schon gegessen, Oma?)
et, ette	(Pust.) nicht
ettle(ne)	einige, etliche. *Dèr Zoch håt nou ettlene Kinder umanånder.* (Der Mann hat noch einige uneheliche Kinder.)

Wörter, die Sie unter F nicht finden, stehen sicher unter V

fa	(auch: *fe*) von; vor lauter. *I bin fa Prod.* (Ich komme aus Prad.)
faatschn	ein-, umwickeln, eine *Faatsch* (Verband) umbinden
fahln	fehlen; *gfahlt* (verkehrt, falsch); *ofahln* (verfehlen). Wenn jemand am Telefon die Nummer verwählt hat, dann hat er die Nummer *ogfahlt*.
Fåk	Schwein; unhygienischer Mensch (auch: *Fåkolåtti*); *fåckisch* (auch: *fåcket*) schweinisch, ordinär; *fåckische Zeitungen* (Pornohefte)
Fakl	Ferkel; Schmutzfink
Fallot	(franz.) Halunke, Lump
fangulo	(ital. *fanculo*) Leck mich am Arsch! (auch: *fankulo*)
Faxn	Späße, Eigenheiten, Marotten. Jemand, der *Faxn måcht*, ist widerspenstig oder hat so seine Marotten.
Fe(a)rsch	Ferse
Federbåll	Federballspiel. Wenn man kleine Kinder *afn Federbåll* schickt, will man, dass sie ins Bett gehen.

fegn	reiben, fegen
feicht	feucht
Feicht	Fichtenbaum
Feiertig	(auch: *Faichtig*) Feiertag
feig!	Trau dich! Mit *Sog feig!* provozieren sich Kinder gegenseitig, mehr oder weniger waghalsige Dinge zu tun.
Feig(e)	Frucht; weibl. Geschlechtsorgan (auch: *Patonza, Patata, Wischpele*)
fein	angenehm; liebevoll
Feirum	Feierabend. *Um sexe låssm'r ållm Feirum.* (Um sechs Uhr ist Feierabend.)
fensterlen	dem Mädchen seines Herzens, über eine Leiter zum Balkon oder Fenster, einen nächtlichen Liebesbesuch abstatten
Fèrner	Gletscher
Ferragosto	italienischer Feiertag am 15. August
Fersëiln	(auch: *Fisouln, Fisëiln*) Fisolen, grüne Bohnen
fèrtn	(auch: *fëirt, feartn*) voriges Jahr, im vergangenen Jahr
Fèttn	Glück (auch: *Kulo*) *Do håsch a Fèttn kåpp.* (Da hast du Glück gehabt.)
fetzelen	nach Urin riechen
fetzgail	super; erregt (Steigerungsform von geil)
Fetzkåchl	Nachttopf
Fetzn	Kleidung; Vollrausch (auch: *Hio, Tullje,*

Tåmpf). Du håsch an Fetzn kåpp, dasse nimmr gwisst håsch, wiëde hoasch. (Du warst so betrunken, dass du nicht mehr gewusst hast, wie du heißt.) Wenn man *fetzntamisch* ist (einen übertriebenen Hang zu modischer Kleidung hat), geht man oft zum *Fetzntandlr* (Kleidergeschäft). Ein *Fetzschädl* ist ein dummer, einfältiger Mensch.

fetzn	urinieren (auch: *prunzn, schiffn*)
Fetzuumes	rote Ameise, die eine Säure verspritzt (im Passeiertal auch: *Fetzgeißln*)
Fiaß	Füße. Wer *fiaßlt*, der stellt ein Bein.
fiatern	füttern
fiati	(auch: *pfiati*) tschüss, servus
fiesln	leicht regnen oder schneien; *ausfiesln* (auslösen)
Fif(f)a	(ital. *fifa*) Angst, Furcht
Figa, Figo	(ital.) gestylte, gut aussehende Person. *In Figo zèckn* heißt auf Schönling machen.
figo	(ital.) (auch: *figata*) toll. *Des isch figo gwesn.* (Das war eine tolle Sache.)
Figuratscha	(ital. *figuraccia*) Blamage
fiirewert	vorwärts
fingerlen	Petting
Finokkio	(ital. *finocchio*) Fenchel; Schwuler (auch: *Finock*)
finschter	(auch: *finschtrig*) dämmrig, dunkel. *Finschtr* (Dunkelheit)

Finta	(ital.) Trick, Finte, Täuschung
fir	(auch: *fier*) für, zugunsten. *Es isch ålls fir di Kåtz.* (Es war alles umsonst.); gegen (Krankheiten); heraus, hervor; vorbei. *Firhåltn* (vorhalten), *firfohrn* (vorbeifahren), *firstiëhn* (im Weg stehen), *firschaugn* (hervorschauen), *firkemmen* (vorkommen, den Eindruck haben): *Wia kimp dir denn fir?* (Was denkst du dir dabei?)
firri	(auch: *füri*) nach vorne
firschi	vorwärts; *Firschigång* (Fortschritt): *Dèr håt kuan Firschigång.* (Der bringt nichts weiter.)
firwitzig	neugierig
fix	fest, feststehen, sicher
Fizzele	winziges Stück, Papierschnitzel (auch: *Fuzzele*); *fizzlen* (in kleinste Teile zerreißen)
fladern	(auch: *flauchn*) stehlen
flåschn	ohrfeigen; (auch: *fotzn, watschn, schloachn, schmiern*). *Soll i dr uane flåschn?* (Soll ich dir eine runterhauen?)
Flea(ch)	Flöhe
flennen	(auch: *plearn, rearn*) heulen, weinen
Fliitsch	(auch: *Fliitschl*) Flittchen
flott	toll
Flotter	(auch: *Flutter*) Schmetterling; Angst. *Flottern* (Zittern vor Angst oder Kälte). *Geaht dir di Flutter?* (Hast du Angst?)

Fluig	Fliege. *Fluigentatscher* (Fliegenklatsche)
foaßt	(auch: *foascht*) dick, mollig
Fochets	süßes Brot zu Ostern und Allerheiligen
Fodn	Faden
foppm	ärgern, täuschen
fora	(ital. *fuori*, draußen) durchgeknallt. *Dèr Tüpp isch fora.* (Der Typ ist durchgeknallt.)
Formes	Frühstück; *formessn* (frühstücken)
Forz	Furz, Pups; *forzn* (furzen). A *Farzl* ist ein dezenter Furz.
Fotz	weibl. Geschlechtsorgan; Maul. *Wisch dr's Fotz o, du Fackl.* (Wisch deinen Mund ab, du Ferkel.) Wenn jemand *an Fotz ziacht*, dann macht er ein langes Gesicht. *Fotzhoubl* (Mundharmonika)
Fotzn	Ohrfeige. Wenn einem eine Person auf die Nerven geht, dann möchte man sie *ofotzn*.
fo(u)chn	einfangen
four zua	nach und nach
fraila	(auch: *fraile*) freilich
Fraktion	(ital. *frazione*) südt. Amtsdeutsch: Ortsteil
Fråz	freches, ungezogenes Kind
Fregatura	(ital.) Betrügerei, Reinfall
fremmelen	sich fremd fühlen

fria	früh; *Friamess* (Frühmesse)
Friegelesupp(m)	Eierflockensuppe
frigieren	(ital. *fregare*; auch: *fregieren*) jemanden reinlegen, über den Tisch ziehen
Fuader	Wagenladung; eine Menge; *a Fuader Holz* (viel Holz)
fuchtig	zornig, böse, wütend
Fuchtl	unangenehme, unfreundliche Frau
fuchtln	wild hantieren, *ummerfuchtln* (herumfuchteln)
Fuëhr	(auch: *Fuar*) Fuhre (Heu, Holz)
fugset	fuchsrot, rothaarig. *A Fugseter* ist ein rothaariger Mann.
fugsn	ärgern (auch: *tratzn*)
fuiern	zündeln
Funzn	(auch: *Funzl*) unangenehme, zickige Frau
Furbo	(ital.) Schlauer, Gewiefter. *In Furbo spieln*, *in Furbo mǎchn*. (Den Schlauen spielen.)
Furgone	(ital.) Lastwagen
fuso	(ital. = *lose*) total fertig sein; durcheinander sein
Futt	weibl. Geschlechtsteil (auch: *Wischpele, Feige, Patonza*); *Futtlappele* (Schamlippe). Ein *Futtlecker* ist ein sich anbiedernder Mensch.
fuzzln	sehr klein schreiben

Wörter, die Sie unter G nicht finden, stehen sicher unter K

gaangn	unablässig um etwas bitten, etwas unbedingt haben wollen, ertrotzen
gach	plötzlich, jäh, schnell
Gachn	Zorn. *A Gache* ist eine zornige, aufbrausende Frau.
gåffn	gaffen, blöd schauen
Gagele	Wild- oder Kleintierlosung; auch ein Kosewort für kleine Kinder
gaggn	scheißen, kacken. *Gagga* ist der Kot, *Gaggarèlla* der Durchfall.
Gait	Geiz, Neid. *So a gaitiger Teifl!* (So ein geiziger Mensch!)
Gandaloschtia!	(ital. *ostia*: Hostie) Fluchwort
Gartl	kleiner Garten; *gartln* (Gartenarbeit verrichten)
Gattr	Gatter, Zauntür (meist aus Holz)
Gazzo	(ital. *cazzo*, Penis, Schwanz) Ausruf des Erstaunens (auch: *Kazzo*). *An Gazzo verstiahn* heißt überhaupt nichts verstehen.
geah, geah!	Ausdruck der Verwunderung
geel	gelb; *Geelruab* (gelbe Rübe, Karotte)
gègga	Pfui!

gell?	nicht wahr? oder?
Gènsrupfn	Gänsehaut (Angst und Kälte)
Gerscht	Gerste. *Verflixte Gerscht!* ist ein wütender Ausruf.
Gfrett	Sorge; Zustand; *gfrettn* (sich abmühen; mit wenig Geld auskommen müssen)
Gfries	Fratze, Gesicht
gian	(auch: *gean*) gehen
Gigg	Fahrrad
Gigger	(auch: *Goggl*) Hahn. *A Giggerle* ist ein gebratenes Huhn.
Gipfele	Kipferl, Hörnchen
Gitsch	Mädchen
glaabm	glauben
Glachter	Gelächter; *a Glachter und a Gschroa* (Gaude, Spaß)
Glaggele	Schlückchen; ein wenig, z. B. *a Glaggele Wein*
glaggln	vernachlässigen, verbummeln
glaich	dasselbe, gleich; egal
glaim	nahe, eng, knapp, fest. *Des isch glaim gången.* (Das ging sich gerade noch aus.)
glången	(aus)reichen, genügen; nach etwas greifen, hinkommen (auch: *derglången*)
glangglen	baumeln; vernachlässigen
glåzet	glatzköpfig; glatt, tatsächlich (Ausdruck der Verwunderung)
Gleckl	(auch: *Gleggl*) Glöckchen

gliëdig	(auch: *gliënig*) glühend, heiß
Gloapete	(auch: *Geloape*, *Gloapets*) Speiseüberreste
Glumpet	(auch: *Glump*) Plunder, Schund
Gluscht	Lust, Begierde. *Gluschtn måchn* heißt jemanden Lust auf etwas machen.
Glutsch	brütende Henne; bemutternde Person
Gluuf(e)	Sicherheits-, Stecknadel
Gnagg	(auch: *Gnack*) Genick
Gneat	Eile; Übermaß an unerledigten Dingen; *gneati, gneatig* (eilig)
Goas	Geiß, weibl. Ziege. *A Goasbua* (Ziegenhirte) tut *Goas hiëtn* (Ziegen hüten). *Geasl* (kleine Ziege)
Goaßl	Peitsche. *Goaßl schnelln* ist brauchtümliches Knallen mit einer Peitsche.
Goggele	(auch: *Goggile*, *Oa*) Ei
Goggolori	Unwichtiges
Gogl	Exkrement, Kot. *A Hundsgogl* ist ein Hundekothaufen.
gor	ausgegangen, fertig, zu Ende
Gosch	Mund (derb); *a Goschn unhängn*; *goschn* (maulen, sich beschweren); *gosched* (großmäulig, aufmüpfig)
graatschen	knirschen, knarren
Graffl	Gerümpel
Grallele	Kügelchen, kleine Kugeln
Gråmml	Gerät zum Zerkleinern von hartem Brot
Grant	Zorn, schlechte Laune; *grantig* (missmu-

tig); *grantln* (sich beschweren, schlecht gelaunt sein)

Grantn	Preiselbeeren
Grappa	(ital.) Schnapps
graschglen	rascheln
Gratn	Fischgräte(n)
Gratta-e-Wintschi	(ital. *gratta e vinci*) Rubbellos
Gråttn	Karren; auch abwertend für Auto gebraucht (auch: *Kibl*, *Schlaider*); *ummergrattln* (herumfahren)
grauelet	gräulich (wenn morgens die Sonne aufgeht)
Graus	Ekel; sich *grausn* (sich ekeln). *Di Grausbirn aufstelln* bezeichnet die Gänshaut, die man bekommt, wenn man sich ekelt.
grean	(auch: *grian*) grün; unreif
Grègg(n)	verkrustetes Augensekret
Grègger	*A kluaner Grègger* ist ein kleiner Bub (auch: *Griter*). Wenn jemand oder etwas *grègget* ist, dann ist es zu klein geraten.
Grifflschåchtl	Behältnis für Bleistift etc.
Griit	Schritt. Rockstars greifen sich auf der Bühne gern in *di Griit*.
Grint	Kopf; Sturschädel
Grischer	kleiner Esel
Groamat	(auch: *Gruamet*) zweite Heuernte im Jahr. Daneben gibt es *Poufl* und *Hai*.
groaß	groß; *greaser* (größer); *groaßkopfet* (mächtig; wichtigtuerisch)

Grouga	(auch: *Spinnawett*) Spinne
Gruanz	(auch: *Gruenz*) Eidechse
Gsatzl	Satz, Spruch, Teil eines Liedes
gschåffn	auskommen, sich vertragen
gschaft(l)ig	wichtigtuerisch; *Gschaftlhuabr* (Besserwisser)
Gschear	Schererei, Problem
Gschearter	Schnösel, Wichtigtuer
Gschiss	großes Aufheben machen
Gschloudr	übel schmeckendes Getränk, dünner Kaffee
gschmålzn rëidn	Süßholz raspeln. Preise sind oft *gschmålzn* oder *gsålzn* (sehr hoch).
gschnappig	vorlaut, frech, schnippisch
Gschråpp	kleines Kind (abwertend)
Gschroa	Geschrei
Gschuich	Vogelscheuche; hässliche Frau
Gschwafl	törichtes, unnützes Gerede
Gspuela	(auch: *Gschpuele, Gschpuale*) Futter aus Essensresten für das Vieh, Schweinefraß
Gstell	Gestell; Körperbau. Wer aber *a Gstell måcht*, macht viel Aufhebens.
gstrieflt	gestreift
Gugger	Fernglas; Augen
Guggu	Enzian; Kuckuck (auch: *Guggug*)
Gunggl	Haarknoten
gwornen	rechtzeitig bemerken

H

a b c d e f g **h** i j k l m n o p q r s t u v w x y z

ha?	wie bitte?
haal	eisig, glatt; berechnend (auch: *schluzig*)
haatschn	hinken, (schleppend) gehen
Hafele	kleines Gefäß, kleiner Topf
Haftlbeißer	Haftelmacher. Wer *aufpasst wia a Haftlbeißer*, lässt etwas nicht aus den Augen.
Haia	Schlafstatt; *Haia måchn* (schlafen)
Haifl	(auch: *Haifele*) Häufchen
haint	(auch: *hait*) heute
Haisl	Toilette (auch: *Scheißhaisl, Tschesso*)
Haiter	bedauernswertes Wesen, armer, schwacher Mensch (auch: *Hascher*). Für Kinder: *Haiterle* und *Hascherle*
haitschn	streicheln (Vieh)
hålbat	(auch: *hålbet*) halb
Hålmetog	(auch: *Hålbmetog*) Jause am Vormittag; *hålbmittogn* (jausnen)
Hangerle	Geschirrtuch
hantig	bitter
Hantsche	(auch: *Hantschig*) Handschuhe
happern	nicht klappen, schief gehen

Harass	(Obst-)Kiste, Steige für Äpfel
Hardimitzn	(auch: *Hardigatti*) ein Fluchwort
Hascher(le)	schwacher Mensch, armes Kind. *A Hascher* ist jemand, der kifft.
Hax	Bein, Fuß
Hearische(n)	Städter; Fremde; (deutsche) Touristen
Hebl	Griff
Hegedex	Eidechse
Hëigl	Kerl
Henn	Huhn (auch: *Bulla, Pulla*); Frau. *A gaile Henn* ist eine attraktive Frau.
herwärts	(auch: *herwèrts, herewärts*) herüber; ungefragt
Hetschapètsch	(auch: *Hetschipetz*) Ausdruck der Schadenfreude
Hetschipètsch	Hagebutte
Hetz	Spaß; *hetzig* (lustig)
hiager	(auch: *hiëger*) diesseitig. s. *èndern*
Hidrauliker	Klempner, Installateur
hildern	hallen
Himper	Himbeere(n)
hin	(auch: *hinig*) kaputt
hinterschi	rückwärts
Hio	Rausch (auch: *Fetzn, Tåmpf, Tullje*)
hoach	hoch
hoaggl	(auch: *hoagglig*) heikel, wählerisch
hoaln	heilen

Hoazet	(auch: *Hoachzet*) Hochzeit
hoi!	(auch: *hoila!*) hallo (Gruß)
Holbwegs!	Beeindruckend! (Ausruf)
Hoor	Haare. *Hoorleg* ist die Frisur.
hoppnèmmen	festnehmen, fangen; verarschen
hou!	so! nicht wahr!
Houler	Holunder
Housntir	Hosenschlitz, Hosenlatz (auch: *Schalusi*)
huam	(auch: *hoam, huem*) nach Hause, heim; *Huamat, Hoamat* (Heimat); *huamelen* (sich zu Hause fühlen); *huamlaichtn, huamgaign* (grob abfertigen, nach Hause schicken); *huamle, huamlig* (heimlich)
Huascht	Husten; *huaschtn* (husten)
Huder	Lappen, Tuch; (verschlissene) Kleider
hudln	schnell und schlampig arbeiten; *Hudlerei* (Eile; schlampiges Arbeiten)
huier	heuer, in diesem Jahr
hukkn	sitzen; *hukkn bleibm* (lange sitzen bleiben bzw. in der Schule eine Klasse wiederholen müssen)
hupfn	springen, herumspringen
huppm	ein Kind halten, aufheben
hurtig	ziemlich
Huscher	»Dachschaden«. *Dèr håt an gschaidn Huscher.* (Er ist sehr dumm.)
hussn	hetzen, jagen
hutschn	schaukeln. Die *Hutsch* ist die Schaukel.

I / J

i	ich. *I a.* (Ich auch.)
iatz	(auch: *iëtz*) jetzt
iberanåndr	übereinander
ibereisn	etwas verstehen, begreifen
ibergrattln	überfahren
iberhaps	ungefähr, beiläufig; überreilt
iberlëign	überlegen, nachdenken
ibermåcht essn	überfressen
ibernachtig	(auch: *iwernachtig*) übernächtigt, müde
iberschi	(auch: *iwrisch, iwerschi*) hinauf
ibertian	etwas auf dem Herd aufsetzen; eine Frau flachlegen
Identitetskårt	Personalausweis
iëner	(auch: *eaner*) vorhin
imene	ihnen
indergaling	(auch: *ingaling, ingaligsch, ingaligscht*) irgendwann, bald, allmählich
infadln	einfädeln
infatti	(ital.) in der Tat, wirklich
infrischn	Blumen ins Wasser geben

ingetètscht	(auch: *dertètscht*) eingedrückt
Ingraisch	Eingeweide, Gedärm
ingschnåppet	eingerastet; beleidigt
inhebm	bremsen
inkasiniert	(ital. *incasinato*) durcheinander
inkazziert	(ital. *incazzato*) wütend, verärgert sein (auch: *ingazziert, derkatzt*)
inkèntn	einheizen, anzünden, anfeuern
inkraiz	gekreuzt; *iberkraiz kemmen* (sich in die Quere kommen)
inkuliern	(ital. *inculare*) betrügen, übervorteilen
inner	(auch: *ainer*) herein; *innerkemmen* (hereinkommen); *innerlåssn* (hereinlassen)
inni	hinein; *innisågn* (jemandem ordentlich die Meinung sagen); *innitschindrn* (irgendwo hineinfahren, hineinkrachen)

Jager	Jäger; *jogn, jagern* (jagen)
Jangger	(auch: *Janker*) Jacke, Rock, Joppe. *A Jaggele* ist eine leichte Jacke.
Jessas na!	Kaum zu glauben! (ein Aufschrei)
Jochgeier	Alpensegler (Vogel); Schreier, lärmender Mensch
Joppm	Jacke, Joppe
juuzn	juchzen, jauchzen. Ein *Juuzer* ist ein Bergschrei.

Wörter, die Sie unter K nicht finden, stehen sicher unter G

Kåchl	Nachttopf (auch: *Fetzkåchl*). *Dèr letze Grègger geaht schun afs Kachele.* (Der kleine Junge geht schon auf das Töpfchen.)
Kagata	(ital. *cagare*: kacken) Blödsinn. Sich um *nix kagiern* heißt sich um nichts scheren.
kaif	fest, prall
Kail	eines der vielen Wörter, die es im Südtirolerischen für einen ordentlichen Rausch gibt
Kakkio	(ital. *cacchio*) Ausruf des Erstaunens, der Ver-, Bewunderung (Kein Scheiß!)
Kalbl	(auch: *Kålb*) junges Rind, Kälbchen
kalmo	(ital. *calmo*) ruhig, besonnen; *Kalmati!* (Beruhige dich!)
kåltn	behalten
Kaltschetto	(ital. *calcetto*: Hallenfußball) Tischfußballspiel
Kaminwurz	kleine, hart geselchte Wurst
Kammion	(ital. *camion*) Lkw
Kampl	Kamm; lustiger Kerl; *kampln* (kämmen)

Kåndl	Kanne. Eine kleine Kanne ist ein *Kandele*. Jemandem *af di Kandelen gian* heißt jemanden ordentlich zu nerven.
Kaparra	(ital. *caparra*) Anzahlung
kåpp	gehabt
Kappo	(ital. *capo*) Chef, Oberhaupt
Karfiol	Blumenkohl
Karpf	(ital.) Carabiniere, Polizist
Kårrner	fahrendes Volk, Vagabunden
Kas	Käse; *kasn* (Käse machen)
Kasino	(ital. *casino*) Durcheinander, Chaos
Kasler	ungewaschene, schlecht riechende Füße; *fuaßkaselen, kaselen* (stinken)
katzn	(auch: *gatzn*) *Des katzt mi gor nix.* (Was geht mich das an?)
Kåtznmusi(g)	nächtliche Spottmusik bei einem Brautpaar; Bezeichnung für Musik, die Jugendliche hören
Katzo!	(ital. *cazzo*: ugs. Penis) verdammt! (auch: *Gazzo!*) *Des geaht di an Katzo un.* (Das geht dich gar nichts an.)
Kawolo!	(ital. *cavolo*: Kohl) Fluchwort; *inkawolato* (stinksauer); *inkawoliern* (in Rage geraten); *inkawolato nero* (eine Stinkwut haben). Die *Kawolata* ist ein Ärgernis bzw. Unsinn. *Des geaht di an Kawolo un.* (Das geht dich gar nichts an.)
Kazzata	(ital. *cazzata*) Unsinn
kearn	gehören, besitzen

Kearndln	Körner. *Kearndlfressr* sind Vegetarier.
Kehrtatl	Kehrschaufel
kèksn	(auch: *kexn*) nerven
Kell	Kelle, Schöpfer. *Gea lèck di Kell o!* beschreibt ein ungläubiges Erstaunen.
Kepfla	(auch: *Kepfler*) Kopfsprung
kepp	(auch: *ghepp*) *Zèmm saim'r kepp.* (Dann sind wir gerettet.)
Kerschbaam	Kirschbaum
Keschtn	Kastanien
Kiachl	in Öl gebackene Spezialität (Apfelküchel)
kifln	abnagen
kindsn	(auch: *kinzn*) babysitten
Kirchte	(auch: *Kirchta*, *Kirchti* oder *Kirchtig*) Kirchtag
Kitl	Rock, Kleid
Klachl	Schleimbatzen, Spucke; schwerfälliger, ungehobelter Mensch
klanen	anpatzen, beflecken
klaubm	(auch: *klaubn*) pflücken, sammeln
Klèmmseckl	Geizhals (auch: *Klèmmer*)
kliabm	(Holz) hacken, spalten
Kloa	Klaue
Kloaz	Nonne; Dörrbirne
klockn	verprügeln; hämmern; *Klocker* (Türklopfer; kräftiger Mensch)
kluag	vorsichtig; fein, zierlich

kluan	(auch: *kloan*) klein; *kluanweis* (langsam)
klumpern	Lärm machen
Klunz	Spalte, Ritze
Klupp	Wäscheklammer
Knåpp	Bursche
Knåttl	Nasenpopel; Kosewort für eine Frau
Knëidl	(auch: *Knedl*). Die *Knëidl* (Knödel) gehören auf jede Südtiroler Speisekarte, nicht nur für Touristen.
kneißn	begreifen, verstehen
knialn	knien; *Kniaschlottern* (wacklige Knie aus Angst); *kniawoach* (entgegenkommend): *Sei sou kniawoach.* (Sei so nett.)
Kniitl	Knüppel aus Holz, Holzast; (dummer) Kerl
knill	betrunken (auch: *moul, zua, bsoffn, stotzlochvoll*)
Knopf	Knoten; Geldstück; Knopf. *Knepfl* ist ein kleiner Knopf.
Knortsch	Baumstumpf, knorriger Ast
Knoschp	Knospe; grober Kerl. *Knoschpm* sind aber auch grobe Bergschuhe.
Knott(n)	Stein(e), Felsen, Berg; *Knottenkino* (Bergpanorama; Aussichtspunkt in der Meraner Gegend)
Knoufl	(auch: *Knoufla*) Knoblauch
Kobes	(auch: *Kobis*) Kraut-, Kohlkopf
Kochelus	Kochen spielen (Kinder)
Kollaudo	(ital. *collaudo*) Revision, TÜV

komemai?	(ital. *come mai*) Wie das?
kommott	(auch: *kammott*) bequem, praktisch; gemächlich
Kondono	(ital. *condono*) Strafnachlass
Kono	(ital. *cono*) Waffeleistüte
Koperto	(ital. *coperto*) Tischgedeck
kopfn	grübeln, nachdenken
Kopratter	Kaplan, Hilfspriester
Koschtr	Kostprobe
kotto	(ital. *cotto*: gekocht) fix und fertig sein
Kozze	(ital. *cozze*) Miesmuscheln
Kracherle	Orangenlimonade
kråd	(auch: *gråd*) gerade
Kraitle	(auch: *Kraitl*) Petersilie
Kraiz	Kreuz; Rücken; Mühsal
Kraler	Delle, Kratzer (im Auto)
Krampus	Teufel
Kranewitter	Wacholderschnapps
Kråpf	Krapfen; Vagina
krautwalsch	ladinisch; kauderwelsch
Krawallpånzn	wenig attraktives Mädchen
Krax	altes alpines Tragegerät; Korb, der auf den Rücken getragen wird; altes Fahrzeug
kraxlen	klettern
Kredenz	Küchenschrank
Kribeskrabes	(auch: *Kribuskrabus*) Durcheinander

Krik	(ital. *cric*) Wagenheber
Kroa	Krähe
Kroat	(auch: *Krout*) Kröte; lästiger Mensch
Kropf	Rülpser. *Wer kropft und forzt, der braucht kuan Orzt*, lautet ein beliebtes Sprichwort in Anspielung auf die gesunde Verdauung. (Wer rülpst und furzt, der braucht keinen Arzt.) *'s Krepfl* ist das Bäuerchen.
Krukkn	Krücken; Kraftfahrzeug mit wenig PS; hässliche Frau; langsamer Computer
Krukko	(ital. *crucco*) Schimpfwort für Deutschsprachige
Krumer	Wanderhändler; Krämer
krump	(auch: *krumped*) krumm
Kruzitirggn!	Ausdruck der Verärgerung
kuan(e)	kein, keine
Kugele	Kügelchen; *kugelet* (rund, prall)
kuiën	kauen
Kuione	(ital. ugs. *coglione*) (auch: *Kulione*) Nervensäge. *Geam'r nit af di Kuioni.* (Geh mir nicht auf die Eier.)
Kulo	(ital. *culo*) Hintern. *Mit dèm håt si an Kulo mitgmåcht.* (Mit diesem Mann hat sie es schwer gehabt.) *An Kulo hobm* heißt aber auch, dass man Glück hat.
kuttern	kichern, lachen
Kuundl	Dachrinne
kwitt	quitt, ausgeglichen (auch: *pari*)

Laab	Laub; Farbe beim *Wattn* (entspricht dem Pik)
laar	leer
Låck	Pfütze
lafn	laufen; *Lafete* (Durchfall; keine Ruhe geben)
Laggl	grober, dummer Kerl
Lahn	Lawine; Mure
lai	nur; *laimitterle* (normalerweise)
Lais	Läuse
Lait	Leute. *Laitln, geahts her do.* (Kommt her Leute.)
Lålli	kindischer Mensch
Lampele	Lämmchen; Lämpchen
långelet	länglich
Langes	Frühling
Låpp	Trottel, einfältiger Mensch; *låppet* (vertrottelt). *A guatr Låpp* ist ein gutmütiger Mensch.
Larch	Lärche
Lårv	Larve; Maske

Laschtik(a)	(auch: *Laschtikbandl*) Gummiband
Låtsch	einfältiger Mensch
lattern	wackeln, zittern
latzen	(auch: *latzln*) jemandem ein Bein stellen
Lauser	Lausbub
Leabl	Brotlaibchen
Leffl	Löffel; Hasenohren. *Wenn du nit aufhearsch, kriagsch a poor hinter di Leffl.* (Wenn du nicht aufhörst, kriegst du ein paar Schläge hinter die Ohren.)
Lèller	Zunge
lèlln	lutschen, nuckeln
Lento	(ital.) enger Tanz (auch: *Bauchriebler*)
Lèppe	(auch: *Leptig, Lebtog*) Lebtag
Lèpps	minderwertiger Wein
lètsched	(auch: *latschet*) weich, matschig
Lèttn	Schlamm, Morast. *Dèr red ålm an Lèttn.* (Er redet immer Blödsinn.)
Letze	der / die Kleine; *letz* (klein; aber: Wer *letz banånd isch*, dem geht es schlecht.)
liagn	lügen; *Liagnbaitl, Lugnbaitl* (Lügner)
Lido	(ital. Strand am Meer) öffentliches Freibad
Liftl	leichter Wind
lingg	(auch: *link*) schlecht
Linie	(ital. *linea*) Telefonleitung. *Di Linie isch*

gfålln heißt so viel wie: die Telefonverbindung ist leider unterbrochen worden.

Loab	Laib
Loamsiëder	(auch: *Luamsiëder, Looborsch*) langsamer Mensch; Langweiler, Lahmarsch
Loas	Schneise
Loater	Leiter
Lod	Lade
Lodn	Laden. 's *Ladele* ist ein kleiner Laden.
longzottlt	langhaarig. *Longzottlter* wird auch abwertend für Hippie verwendet.
loob	(auch: *lobelet*) fad, nicht gut gewürzt; lauwarm
lottern	betteln. *A Lotterer* ist ein Bettler oder Herumtreiber.
Loudn	Loden (Stoff)
lousn	(zu)hören
Louter	grobschlächtiger, zwielichtiger Mann
Luan	(auch: *Loan, Loater*) einbeinige Leiter, Sprossenleiter für die Apfelernte
Luck	Deckel; *zualuckn* (zudecken)
lugg	locker; nicht sehr verlässlich; minderwertig
Lulla	(auch: *Luller*) Schnuller; *lulln* (saugen)
Lunapark	(ital.) Vergnügungspark, Jahrmarkt
lupfen	heben, aufheben
Luug	Lüge; s. *liagn*

ma	(ital.) Ausruf der Verwunderung: *Ma, isch des schian!* (Ist das schön!) *Ma dai!?* (unerhört! echt?); Ausruf des Bedauerns: *Ma, bisch du årm!* (Bist du bemitleidenswert!); Ausruf des Unwillens: *Ma, iatz isch obr genua!* (Jetzt ist aber Schluss!); genervter Ausruf über die Dummheit eines Gesprächspartners: *Ma bittigorschian* bzw. *bittschian!* (wörtl.: Ich bitte dich gar schön.)
Maantig	(auch: *Montig*) Montag
maarn, si	sich bemerkbar machen
machln	kleine Dinge erledigen
Madl	Mädchen
Madoja!	Ausruf der Verwunderung oder der Verärgerung
Madonna!	(auch: *Madoona, Madooniga*) Fluchwort, Ausruf des Erstaunens
magari	(ital.) vielleicht; schön wär's
Magg	(auch: *Maggn*) Beule, Delle, Beschädigung (beim Auto)
maggirn	etwas vortäuschen (Krankheit)

Maisl	Knochen oder reizempfindliche Stelle am Ellbogen; verniedlichend für kleine Maus
maitern	schimpfen, aufbegehren
Makkiatto	(ital. *macchiato*) kleiner Kaffee mit einem Schuss Milch
Malefiz nouamål!	Fluch (i. S. v.: verdammte Scheiße!)
Malta	(ital.) Mörtel; *Maltamaschin* (Betonmischer)
Mamme	(auch: *Mamma*) Mutter. *Mammebua* (Muttersöhnchen)
Manatscha!	(ital.) Ausdruck der Verwunderung
Manderleit	(auch: *Mandr*) Männer; *Mandermensch* (Mann); *Mandl* (schwacher alter Mann, unscheinbarer Mann)
Mantscha	(ital. *mancia*) Trinkgeld
Marènd(e)	(ital. *merenda*) Zwischenmahlzeit. *Giam'r marèndn!* (Gehn wir jausen!)
Mareschallo	(ital. *maresciallo*) Kommandant der örtlichen Carabinieri (Polizei)
Maringgele!	Ausruf des Erstaunens
marod	kränklich, krank, schlecht drauf sein
Marokkino	nordafrikanische Wanderhändler, Einwanderer
Marterle	Gedenktafel, die am Straßenrand an einen tödlichen Unfall erinnert
Maschgra	(auch: *Maschgre*; ital. *maschera*, Maske) Fasching, Maskerade

Maßl	Glück gehabt, noch einmal davongekommen
Maulorgl	Mundharmonika
Melanzane	(ital.) Auberginen
Menta	(ital.) Minze, Pfefferminze
Merda!	(ital.) Ausruf der Verwunderung, Verärgerung: Scheiße!
mèrgln	Wenn eine Sache nicht und nicht funktionieren will, dann tut es *ummermèrgln*.
miaßn	müssen
Milchbluim	(Pust.) Löwenzahn
minder	minderwertig; weniger, zu gering in Qualität, Wertschätzung, Würde. *Dir isch obr a nix zu minder.* (Du bist aber auch mit allem zufrieden.)
Mineschtra	(ital. *minestra*) gehaltvolle Suppe
Minkia!	(ital. *minchia*: ugs. Penis; Blödsinn) Ausdruck der Verwunderung, Bewunderung
Minz	Münzen, Kleingeld
mir	wir, mir. *Mir sein mir!* (Wir sind wir!)
Mischella	(ital. *miscella*: Gemisch) Benzingemisch; Getränke halb Wein, halb *Spuma*
mischgl(e)n	mischen (Karten)
Mischtkibl	Mistkübel, Mülleimer
Mona	(ital.) Trottel
Monnele	Männlein. Liebevoll für mein Mann, mein Kind: *Mein Monnele*.
Moosl	Narbe

Moschpr	Vogelbeerbaum, Vogelbeeren
Mossa	(ital.) Bewegung, Muckser. *Er håt kuane Mossa gmåcht.* (Er hat sich nichts anmerken lassen.)
Motorino	(ital.) Kleinmotorrad, Moped
motschgern	nörgeln, meckern, sich abfällig äußern
moul	weich, mürb; betrunken
Muës	Brei, Mus; Armeleuteessen aus Milch und Mehl
Muff(n)	Angst, Schiss. *Mir geaht di Muffn.* (Ich habe Angst.)
muffn	stinken, schlecht riechen. *Do muffts.* (Hier stinkts!)
Muggs	Bewegung; Laut. *Kuan Muggs måchn.* (Keine Bewegung machen, keinen Laut von sich geben)
Muina	(auch: *Muinale*) Kosename für eine Katze
Mulli	Maultier; unfreundlicher, störrischer Mensch; Gabelstapler
mulln	schmollen, mürrisch sein. *Tuasch mulln? Bisch mullet?*, fragt man, wenn jemand ein beleidigtes Gesicht macht.
Multa	(ital.) Strafbescheid. Wer falsch parkt, *muaß Multa zohln.*
Murmele	Murmeltier
murre	(Pust.) lästig
Muun	(auch: *Moun*) Mond

na	(auch: *nua, noa*) nein. *Naa!* (Nie im Leben!); *Nå havedere!* (wörtl.: Habe die Ehre; na Mahlzeit! Oje!)
Naandl	Großmutter
nåcher	(auch: *når*) nachher, später; dann, daraufhin
Nåchpl	Nachtmahl, Abendessen; *nåchplen* (abendessen)
nåcket	(auch: *nåckig*) nackt
Nafta	(ital.) Schweröl
Nagelen	Nelken
nagglen	schütteln, wackeln; koitieren
Naggler	Bewegung. Wenn jemand *kuan Naggler mèr måcht*, dann ist er tot.
Naia	(ital.) Militärdienst. *Naioni* (Präsenzdiener)
Nåmmitog	(auch: *Nåmmetog*) Nachmittag; *Guat Nåmmetog!* (Gruß)
Nanggerle	(auch: *Naunggerle, Nanggale* oder *Gnaunggerle*) Nickerchen
nårret	verrückt, geisteskrank; *bocknåret* (total verrückt)

Nåtscher	Schwein. *Nåtscherle* (kleines Schwein)
neatn	(auch: *aufneatn*) aufdrängen, nötigen
niamr	(auch: *nimmer*) nicht mehr
niderhukkn	sich hinsetzen
niderkugln	hinfallen
niderlegn	sich oder ein Kind schlafen legen
niderschmusn	abküssen
niëmend	(auch: *niamand)* niemand
niglnåglnui	(funkelnagel)neu
ninderscht	nirgends
Niokka	(ital. *gnocca*: ugs. weibl. Geschlechtsorgan) attraktive Frau
nit	(auch: *et*) nicht; *nit gårasou* (nicht allzu sehr)
nix	(auch: *nigs*) nichts
Noat	Not; *Neater* (Notleidender)
Nogl	Nagel; *nogln* (hämmern; penetrieren)
Noos	Nase. *Mr beißt di Noos.* (Meine Nase juckt.)
nou	noch; *nouamål* (noch einmal)
Nudl	Nudel; männl. Geschlechtsteil (auch: *Pimpr, Fetzer, Prunzer*)
nuggln	saugen
nui	neu. *A guats Nuis.* (Ein gutes neues Jahr!)
nutz	nützlich; brav, fleißig

a b c d e f g h i j k l m n **o** p q r s t u v w x y z

o	(ab-)gebrochen. *Dr Hax isch o obr dr Schi isch gånz.* (Der Fuß ist gebrochen, aber der Ski ist ganz geblieben.)
Oa	(auch: *Gåggele*) Ei; s. *Pilgoa*
Oachkatzl	(auch: *Oacherle*) Eichhörnchen. *Oachkatzlschwoaf* (Eichhörnchenschweif) ist ein beliebter Zungenbrecher für Nicht-Tiroler/innen.
Oachl	Farbe beim *Wattn* (entspricht dem Kreuz)
Oarwasch(t)l	Ohr(muschel)
Oas	Eiterbeule, Abszess
ob(e)r	aber
Obnd	(auch: *Owet*) Abend
Odruck	im letzten Moment; *in leschtn Odruck kemmen* (im letzten Augenblick kommen)
ofaln	(Ziel) verfehlen
offrirn	(ital. *offrire*) anbieten, spendieren
ofliëgn	(auch: *ofliagn*) verschwinden. *Fliëg o!* (Hau ab!)
ofohrn	hinaus- und abweisen, rauswerfen. *Mit

	dèn Glump mågsch ofohrn. (Dieses Zeug kann ich nicht brauchen.)
oftramål	(auch: *oftamol, a sia mål, a siawete mål*) manchmal
Ogång hobm	Angst, Abscheu haben. *Vor dèn Louter hån i an Ogång.* (Vor diesem Kerl fürchte ich mich.)
ogepètscht	abgezählt (beim Versteckenspiel)
ogian	abhauen, nachgeben
ogmèrglt	(auch: *ausgmèrglt*) verbraucht, abgenutzt; ausgezehrt. *Dr Schraufn isch schun gånz ogmerglt.* (Diese Schraube ist schon ganz abgenutzt.)
ogstondn	abgestanden, lauwarm (Getränk)
ohaun	davonlaufen, flüchten
ohelfn	ungute Verhaltensweise abgewöhnen
oi	(auch: *ochn*) hinab, hinunter; *oilåssn* (runter lassen; schnell trinken); *oipleschn* (mit hoher Geschwindigkeit hinunterfahren); *oitian, oitiën, oitean* (herabsetzen, erniedrigen); *oiwirgn* (hinunterwürgen)
okafn	abkaufen. *Dir wer i schun di Schneid okafn.* (Dir werd ich's zeigen / den Mut nehmen.)
olarn	entladen (Pkw, Lkw)
oluckn	Deckel abnehmen, aufheben; Bettdecke wegziehen
olucksn	sich etwas erbetteln, abluchsen
omåchn	anrichten, anmachen (Salat)

onogn	abnagen
opassn	auflauern
opelzen	den abgeschnittenen Teil einer Pflanze ins Wasser stellen, bis er Wurzeln bekommt, und ihn dann wieder in die Erde einsetzen
oper	schneefrei
opfitschn	entwischen, sich aus dem Staub machen
oposchn	(auch: *ohaun, ofliëgn, oschiëbm, opfitschn, ozåggln*) abhauen
opussn	abküssen
or	herab. *Kimm or!* (Komm herunter!)
oraggern	abrackern
oramen	ab-, wegräumen; gewinnen
Orantsch	Orange
orauschn	schnell verschwinden
oreibm	abreiben, kräftig abtrocknen
orëidn	ausmachen, sich absprechen
orgschnittn	identisch. *Dëi glaichn si wia orgschnittn.* (Sie sehen sich ähnlich wie ein Ei dem anderen.)
ormai	(ital.) inzwischen, mittlerweile
osagln	absägen; gegen jemanden intrigieren, mobben
oschiëbm	abhauen. *Schiëb o!* (Hau ab!)
Oschpele!	(ital.) Ausdruck der Verwunderung, Verärgerung (auch: *Oschpelemuggn!*)

oschraufn	abschrauben. Beim *Liacht oschraufn, oschåltn* oder *oleschn* schaltet man es aus.
Oschtia!	(ital. *ostia*: Hostie) Ausdruck der Verärgerung, Überraschung
oschwènzn	abwaschen, ab-, wegspülen
osperrn	absperren (Tür, Schloss); einem Brautpaar auf dem Weg von der Kirche zum Hochzeitsmahl Hindernisse in den Weg stellen, wo sie sich bewähren müssen und die Zuschauer sich amüsieren können
Otschaatscher	Fußabtreter
Otscho!	(ital. *occhio*: Auge) Achtung! Pass auf!
ou!	(ital.) hey! Was soll das?!
ouber	(auch: *oubr*) ober, über. *Oubr dein Grint häng a Spinnewett.* (Über deinem Kopf hängt eine Spinne.)
Ouberboudn	Zimmerdecke (auch: *Plafon*)
oubm	oben
oubmaufoubm	(auch: *omafobm*) obenauf; im oberen Stockwerk
Oubocht!	(auch: *Obocht!*) Achtung!
Ouwes	(auch: *Oubes*) Obst
Ox	Ochse; sturer Mensch
ozåggln	abhauen, verschwinden
oziëchn	sich der Kleidung entledigen

P

a b c d e f g h i j k l m n o **p** q r s t u v w x y z

Wörter, die Sie unter P nicht finden,
stehen sicher unter B

Paarl	typische Sauerteig-Brotsorte
Påck	Packen, Papierstoß
Paferle	Lätzchen, Kinderlatz; *påfn* (sabbern)
paff	(auch: *baff*) erstaunt
Palestra	(ital.) Fitnessstudio, Turnhalle (auch: *Paleschtra*)
Palle	(ital.) Eier, Hoden. *Des geaht mir af di Palle!* (Das geht mir auf die Eier!) *Ke palle!* (Das nervt!)
Pamper	Schaf
Panino	(ital.) Brot, belegtes Brot
Pånzn	Fass; dicker Bauch; *Panzele* (kleines Fass)
Pappa	(ital.) Kindernahrung
Påppadeckl	(auch: *Påppmdeckl*) Pappkarton
Pappagallo	(ital.: Papagei) bunter Vogel; *in Pappagallo spieln* (den Witzbold spielen); Nachttopf (auch: *Fetzkochl, Prunzkåchl*)
Pappele	Leckerei, Süßigkeiten
Påppl	Fieberblase; Pappel (Baum)

Pappm	(auch: *Papp*) Mund. *Hålt* bzw. *Hëib di Pappm!* (Halt den Mund!); *pappm* (essen)
pari sein	(ital.) unentschieden, ausgeglichen, quitt. *Sell zohlsch a Glasl, når saim'r pari.* (Du bezahlst das nächste Getränk, dann stimmt die Rechnung wieder.)
Påsch	Würfelspiel
Paschta	(ital. *pasta*) Nudelgericht, oft Spaghetti mit Fleischsoße (auch: *Paschtaschutta*)
påsslt	runzelig, welk
passn	lauern; s. *opassn*
Patata	(ital.: Kartoffel) weibl. Geschlechtsorgan (auch: *Wischpele, Feige, Patonza*)
Pataun	Teil einer Rebanlage
Patent	(ital. *patente*) Führerschein
Patentino	(ital.) Zweisprachigkeitsnachweis für Deutsch und Italienisch. *Ohne Patentino kånnsch ban Lånd nit låndn.* (Ohne Zweisprachigkeitsnachweis bekommst du keine öffentliche Arbeitsstelle.)
pater sein	Pleite sein, gerade kein Geld dabeihaben
Patonza	(ital. ugs.) weibl. Geschlechtsorgan (auch: *Wischpele, Feige, Patata*)
Påtsch	Hausschuh, Pantoffel; Tölpel, ungeschickter oder dummer Mensch; Reifenpanne; *di Påtschn austelln* (das Zeitliche segnen); *Påtschnkino* (Fernseher)
Påtschochtr	dummer, unbeholfener Mensch
Påttele	dickes Kind

Patullia	(ital. *pattuglia*) Polizeistreife
Påtzerpreis	Trostpreis
påtzn	etwas falsch oder schlampig machen
pazzo	(ital.) verrückt, durchgeknallt
peckn	hacken; aufeinander schlagen von zwei Ostereiern (Osterbrauch)
pedalirn	(ital. *pedalare*) in die Pedale steigen; sich anstrengen
Pelati	(ital.) geschälte Tomaten für *Sugo*
Pemsl	Pinsel
Permesso	(ital.) Urlaubsschein für Soldaten; Erlaubnis. *Hått'r dr Birgermoaschter in Permesso gebm?* (Hat dir der Bürgermeister eine Erlaubnis erteilt?)
Petronilla	(ital.) Gerät zum Backen
Pfe(a)rscher	Pfirsich
pfiati	(auch: *fiati*) tschüss, servus. *Pfiati Gott* (Gott behüte dich: ein Gruß)
Pfinzte	(auch: *Pfinztig*) Donnerstag
pfitschn	schnell durchschlüpfen
pflanzn	ärgern, zum Narren halten
pfnètschn	knallen
pfnichn	schwer atmen
pfnurtschn	(auch: *pfnutschn*) husten, niesen
pfnuttern	kichern, lachen
pfoa!	Ausdruck der Bewunderung. Wow!

Pfoat	(auch: *Hemmet*) Trachtenhemd
Pfott	Frau; s. *Zoch*
Pfous	Geld
pfuschn	schlampig arbeiten, patzen
pick(e)n	kleben; *picksiaß* (sehr, klebrig süß)
piipm	hupen
Piitschn	Leichenschmaus
Pik	Klebstoff; Groll
Pilgoa	Pilgei, falsches Nestei
Pimpr	Penis (auch: *Zipfl, Prunzerle, Pimperle*)
Pims	(auch: *Bims*) belegtes Brot (auch: *Panino*)
Pinggl	Beule; Pickel
Piniolo	(ital. *pignolo*) Pedant, kleinlicher Mensch (auch: *Itipftelreiter, Pinktlscheißer*)
Pipp	(auch: *Pippm*) Wasserhahn. *A freche Pippm* ist eine freche Person. *pippl(e)n* (trinken, saufen; auch: *tschechern, teïgln*)
Pisele	Küken
pitschn	zusammenkleben
Pizzaiolo	(ital.) Pizzabäcker
planen	s. *aufplanen*
Plåpper	großes Mundwerk; *plåppern* (quasseln)
plårtschet	unförmig, dick
platschedern	viel reden, labern
platschnåss	klatschnass, durchnässt. Als *platschnås-*

	ses Kålb beschimpft zu werden ist sehr demütigend.
plattelet	(auch: *plattlt*) eben, flach
plattern	den Hintern versohlen
plattlen	rennen (auch: *satzn, wazzn*)
Plent	(ital. *polenta*) Maisbrei
plèrrn	(auch: *plearn*) heulen, weinen; *Plèrrhafele* (Heulsuse)
Plèrtsch	(auch: *Blèrtschn*) großes Pflanzenblatt
pleschn	klatschen; krachen, aufprallen; rasen (auch: *viechn, gasn*)
plindern	umziehen; wegräumen
Pliss	Nadel von Nadelbäumen (auch: *Aagn*). *Plissnmiliz* (Förster)
Plooch	Plane zum Zudecken
ploudern	reden, plappern; angeben; *Plouderer* (Angeber); *Tåmpfplouderer* (Maulheld)
Pollo	(ital.: Huhn) dummer Mensch
Pompino	(ital.) Fellatio
Ponte	(ital.: Brücke; Fenstertag) Fenstertag. Wer *Ponte måcht*, kann sich auf ein verlängertes Wochenende freuen.
Poppele	Baby, Säugling; *Poppmwagele, Poppmwogn* (Kinderwagen); *Poppa* (Puppe)
Porgo!	(ital. *porco*: Schwein) Fluchwort, Ausdruck der Verärgerung (auch: *Porkodio! Porkokan'! Porkokane! Zioporko!*)

Porz	Böschung
Porzellana!	(ital.) Ausdruck der Be- oder Verwunderung oder Ausruf von Missstimmung
Poscht	Post, Postamt; *Poschter, Poschtino* (Briefträger; von ital. *postino*)
Poufl	Heu, dritte Ernte
Pragger	(auch: *Pracker*) Teppichklopfer
pråssn	verschwenden (Essbares, Geld)
Pråtz	Pratze; große Hand
Prigl	Prügel, dicker Ast, Stock
Priitsch	Liege, Bett
printschelen	nach Verbranntem riechen
pronto	(ital.) bereit: *Bisch pronto?* (Bist du bereit?); hallo? (am Telefon)
prunzen	urinieren. *'s Prunzerle* ist der Penis.
pudern	koitieren
Puffm	Waffe
Purzigagele	(auch: *Purzegagele*) Purzelbaum
Puttana!	(ital.) Ausdruck der Verwunderung (auch: *Puttega!*); Hure
Puttanata	(ital.) großer Unsinn
Putz	Stadt-, Gemeindepolizei. *Pass au, hintern Egg stian di Putz.* (Pass auf, hinter dem Eck steht eine Polizeistreife.)
Putz(n)	Kerngehäuse des Kernobstes; abfällig für minderwertiges Obst
Putzerle	Kälbchen

a b d e f g h i j k l m n o p q r s t u v w x y z

Wörter, die Sie unter Qu nicht finden,
stehen sicher unter K

Quadratlatschn	große, unförmige Füße oder Schuhe
Queschtur	(ital. *questura*) Polizeidirektion
Quetschn	(auch: *Ziechorgl*) Ziehharmonika
Quotsch	Quatsch, Unsinn

Raatscherle	Plauderei; *Raatschkattl, Raatschn* (sehr gesprächige Person, die nichts für sich behalten kann)
Rabr	Räuber; wildes Kind; *Rabrloater* (Räuberleiter)
Radl	Fahrrad (auch: *Gigg*); Rad; *Radlbëig, Radlpëig, Radlpeg* (handgeschobenes, schubkarrenähnliches, einrädriges Transportgerät); *Radler* (Radfahrer; Mischung aus Bier und Limonade)
Råffl	hässliches, wildes Frauenzimmer. Wenn einem *di Råffl geaht*, hat man Angst.
råffln	lärmen, rumoren; *Råffler* (heftiges Geräusch). *Still, suscht tuats an Råffler!* (Halt den Mund, sonst gibt's Prügel!)
Ragazzi	(ital.) Freunde, Leute, Kinder. *Tschau Ragazzi!* (Hallo Leute!)
Raindl	flaches Kochgefäß
Rais	Angst. *Mir isch dr Rais gångn.* (Ich hatte Angst.)
Ramml	ungehobelter Mensch; Widder
rantschelen	ranzig schmecken (Speisen)

Rånzn	Bauch (auch: *Pånzn, Panzele*)
Rapp	verkrustete Wunde, Narbe
Raschterle	Ruhepause; *a Raschterle måchn* (einnicken)
rass	salzig, scharf
råssln	schnarchen, schlafen
Råtz	Ratte. Eine Mausefalle ist eine *Maus-* oder *Råtzntråppl*.
Raunzer	wehleidiger, nörgelnder Mensch; *raunzn* (jammern)
rearn	weinen, heulen (auch: *flennen, plearn*)
Reckl	kurzer Rock
reckn	strecken; würgen, Brechreiz verspüren
Red	Gerücht. *Es geaht di Red.* (Es kursiert das Gerücht.)
refn	etwas oder sich kriechend fortbewegen und dabei am Boden streifen
rekomandiert	(ital. *raccomandata*) eingeschrieben (Brief); protegiert (auch: *rakkomandiert*)
Ribisl	Ribisel, Johannisbeere. *Ribislstaudn* (Johannisbeerstrauch); *Ribisltarzan* (kleine, schmächtige Person; auch: *Spargeltarzan*)
Ribl	Schmarren. *A schwårzplentener Ribl mit Grantn* ist ein Roggenschmarrn mit Preiselbeeren.
riebln	(auch: *rieblen*) reiben
Ried	Kurve, Straßenbiegung

Riffl	ungezogenes Kind; Gerät zum Beerenpflücken
Riggl	geflochtener Behälter zum Entfernen der Schale bei gebratenen Kastanien: *Keschtnriggl*
rigglen	schütteln
ring	leicht (Gewicht)
Ringlo(r)	Ringlotten
Rotz	Nasenschleim. *Rotzklachl* (Schleim aus dem Hals), *Rotztiachl* (Taschentuch); *Rotzleffl* (frecher, junger Mensch); *Rotzbua* (unartiges Kind)
rougl	locker. *Dr Boudn isch rougl.* (Der Boden ist aufgelockert.)
Ruan	(auch: *Roan*) Hang, Abhang, steiler Felshang
ruidn	(auch: *ruin*) reuen, bereuen
Rumpla	(auch: *Rumpler*) lautes Geräusch, Gepolter; *rumpln* (poltern)
Runen	(auch: *Ronen*) Rote Rüben, Rote Bete
rupfet	rau, aus grobem Leinen. *A rupfats Leintuach* ist ein grobes, piecksendes Laken.
Ruselen	(ital. *rosolia*) Masern
russn	schnarchen
rutschlt	(auch: *rutschelet*) gelockt; *Rutschelen, Tschurelen, Tschurln* (Locken)

S

Sad	öffentliches Verkehrsmittel (nach der Bezeichnung der Autobusgesellschaft)
Saicher	Sieb; *osaichn* (abseihen)
saierlen	säuerlich schmecken
sakrisch	fest, stark, außerordentlich; verflixt
Såltner	Hirte
Sassa	öffentliches Verkehrsmittel (nach der Bezeichnung der Autobusgesellschaft)
satzn	laufen, rennen (auch: *wazzn, plattln*)
Saumågn	Magen, der alles verträgt; derber Mensch; Aschenbecher
Schåchtel	Schachtel; ungeliebte Frau
Schåff	Bottich, kleine Plastikwanne
Schalele	Schüsselchen, Schälchen
Schalusi	(franz.) hölzerner Fensterschutz, Rolladen (auch: *Rollo*); Hosenschlitz
Schårrn	das Angeröstete auf dem Pfannenboden (auch: *Råschpm*)
Schatn	kleine Holzteile; Geld
schaugn	schauen. *Schaugn tuat ma mit di Augn* heißt, dass man nicht alles anfassen soll.

schècket	scheckig, gefleckt, bunt
schederwait offn	(auch: *spranglweit offn*) sperrangelweit offen
Schefitet	Herrschaft, Chef
Scheiterhaufn	eine Mehlspeise; Scheiterhaufen
schèlch	unehrlicher Mensch; schief; steil
Schèll	Farbe beim *Wattn* (entspricht dem Karo)
schèlln	läuten, klingeln
Schèllroudl	*Af dr Schèllroudl* sein bedeutet ständig unterwegs, immer auf Achse zu sein.
Schemo	(ital. *scemo*) Dummkopf
schergn	(ver-)petzen, jemanden anschwärzen
schiach	hässlich
Schiefer	kleiner Holzsplitter in der Haut
schiën	(auch: *schean*) schön
schiffen	stark regnen; urinieren
Schiirhangl	Schürhaken
schiirn	(auch: *unschirn*) einheizen, Feuer machen; hetzen, aufwiegeln
schilchn	schielen
Schissele	kleine, niedrige Schüssel. *Schissl* (Schüssel)
schittn	schütten. Wenn *es schittet,* regnet es stark.
schkifös	(ital. *schifoso*) sauschlecht (auch: *skifös*, *skifo*). *Ke skifo!* sagt man, wenn etwas hässlich oder ecklig ist.

Schkontrino	(ital. *scontrino*) Kassenzettel
Schkusi	(ital. *scusi*) entschuldigen Sie
Schkwillo	(ital. *squillo*: Läuten) Telefonanruf. *Måchsch mr an Schkwillo.* (Ruf mich kurz an.)
Schlagl	Schlaganfall
schlainen	beeilen. *Wenn di schlainsch, når dertuasch es no.* (Wenn du dich beeilst, dann schaffst du es noch.)
schlåmpet	unordentlich, schlampig
schlanggern	schütteln, schlenkern
Schlatterer	unzuverlässiger Mensch
Schlèpper	Traktor
schliafn	durchkommen, schlüpfen (Enge)
Schlickl	kleiner Schluck
Schliitn	Schlitten; großes Auto
schlintn	schlucken, schnell essen
schloachn	ohrfeigen (auch: *schmiern, fotzn, watschn, floschn*)
schlutzn	rutschen; einschmeicheln; *ausschlutzn* (ausrutschen)
Schluutzer	Schlutzkrapfen, eine Pustertaler Spezialität
Schmårrn	Kaiserschmarren; Unsinn, Stumpfsinn
Schmatt	Geld. *Des isch a Schmattiger.* (Das ist ein reicher Mensch.)
schmeckn	schmecken, riechen. Wenn man *uan nit schmeckn kånn*, dann kann man ihn nicht leiden.

schmiern	ohrfeigen (auch: *fotzn, watschn, floschn, schloachn*)
Schmirb	(Heil-)Salbe, Schmiere
schmirgln	schleifen, abschleifen
Schnaggl	(auch: *Schnackl*) Schluckauf
schnainzn	schnäuzen; *Schnai(n)ztiëchl* (Taschentuch)
Schnåll	Schnalle; Schwanz, Schweif
Schnåtterbix	Plappermaul
schnaufn	atmen
schneidig	fesch, hübsch
schnoatn	zurechtschneiden, entästen; *ausschnoatn*
Schol	Schale, Tasse
schoppm	stopfen (Loch); hineinstopfen (Essen)
Schoudr	Schotter; Geld
schparieren	(ital. *sparare*: schießen) verbaler Schnellschuss, Blödsinn reden
schpeibm	erbrechen. *Schaugsch aus wia gschpiebene Gerscht* heißt, dass man ziemlich schlecht ausschaut.
schprigirn	(ital. *sbrigare*) sich beeilen
schputanier(e)n	(ital. *sputtanare*) dahinreden, sich über etwas lustig machen, in Misskredit bringen
Schråbm	(auch: *Schrågn*) wildes Frauenzimmer
schrèpfn	bremsen; jemanden reinlegen
schtrano	(ital. *strano*) seltsam, eigenartig (auch: *schtran, schtranös*)

Schtronzo	(ital. *stronzo*) Idiot
Schua(ch)	(auch: *Schuë*, Pust. *Schuiche*) Schuhe; *Schuachbandlen* (Schuhbänder); *Schuachleffl* (Schuhlöffel)
Schubgråttn	(auch: *Schubkårrn*) Schubkarre
Schuël	(Pust. *Schuile*) Schule
Schupf	Schuppen, Nebengebäude
schupfn	jemanden stoßen
schutzn	hinaufschwingen; entlassen (Arbeit)
Schwårzper	Heidelbeere(n)
Schwårzplent	Buchweizen
Schwåttl	dicke Frau
schwåttln	schwimmen. *An Schwåttler måchn* heißt eine Runde schwimmen gehen.
schwèrgglen	taumeln
Schwetter	Strickjacke, Pullover
Schwitzkåschtn	Würgegrifftechnik
Schwoaf	Schweif, Schwanz
sè	hier hast du (auch: *sè do*)
seechn	(auch: *segn*) sehen
Sega	(ital.) Selbstbefriedigung. Aber jemand kann auch eine *Sega* (Nervensäge) sein.
seggo!	(ital. *secco*: trocken) echt, wirklich, tatsächlich; Ausruf des Erstaunens (auch: *sekko*).
sekkiern	(auch: *seggiern*) ärgern (auch: *pflanzn* oder *tratzn*)

sekweschtrirn	(ital. *sequestrare*) beschlagnahmen
sell	das, dieses. *Sell hån i mir schun gedenkt.* (Das habe ich mir schon gedacht.)
sellwoll	freilich, in der Tat, das schon
sèm	(auch: *zèmm*) damals; dann
Serata	(ital.) Abend. *Des isch a bèrige Serata gwesn.* (Das war ein schöner Abend.)
settane	solche
settiger	(auch: *settener, sellener*) solch einer
Sfida	(ital.) Herausforderung, Wettkampf
Sfiga	(ital.) Unglück, Pech. Ein *Sfigato* ist ein Pechvogel.
si do	da schau an!
si	(auch: *sui*) sie
sïeden	(auch: *siadn*) sieden, kochen
Siir	schlechte Laune; Zorn; *siirig* (gereizt, zornig; auch: *grantig*)
sischt	(auch: *suscht, suntsch*) sonst
Soacher	Seiher; *osoachn* (abseihen)
soachn	urinieren (auch: *brunzn*)
Soaf(t)	(auch: *Soafe*) Seife
Solder	Balkon
Solet	(auch: *Sålåt*) Salat
sou	so; *souda* (so denn); *souwoll* (das wär's)
spåchtln	spachteln; essen

Spaibe	Erbrochenes; *spaibm* (sich übergeben)
spais	Vorratskammer
spat	spät
spazz	(auch: *spazz giëhn*) spazieren gehen
Spicker	Murmeln, Glasmurmeln
spießegget	(auch: *spiaßecket*) ungerade, spitzwinkelig
Spinnewett	Spinne
Spoachl	Speichel, Schleim
Springginggerle	Kind, das nicht stillsitzen kann
sproutzn	glotzen
Spuma	Limonadengetränk
Spundis hobm	Angst, Respekt haben
Staab	Staub; *staabm* (stauben, Staub aufwirbeln)
stad	(auch: *staat*) ruhig; langsam, fortwährend
staffl	(auch: *Stapfl*) Stufe, Treppenabsatz
Ståmpfer	dicke Beine; Gerät zum Zerkleinern von Lebensmitteln
Stång	Stange
stanzn	vertreiben, fortjagen, wegschicken, entlassen; stanzen, drucken
Staudn	Sträucher
stian	(auch: *stiën*) stehen
Stich	steiles Straßenstück. Wenn jemand nicht mehr richtig tickt, sagt man: *Ba dèn låssts Stich aus.*

Stickl	Stück
stiftn gian	sich aus dem Staub machen, ausbüxen
Stiiz	Fuß, Bein. *Kuan Stiiz isch ba dr Versåmmlung gwesn.* (Bei der Versammlung waren kaum Leute anwesend.)
Stirggn	stochern, wühlen, nach etwas suchen
Stodl	Stadel, Scheune
Stotz	Holzeimer, Behälter
stotz(loch)voll	total betrunken
strafn	streifen; *nåchstrafn* (nachschleifen, nachziehen)
Streeb	Streu für Stallboden
strialn	(auch: *striëln*) stöbern, durchsuchen (meist unerlaubt), wühlen
stuckn	studieren, lernen
stuff	(ital. *stufo*) einer Sache überdrüssig sein
suandln	(auch: *suendl(e)n, soandl(e)n*) langsam arbeiten, Zeit verplempern; *Suandler* (langsam arbeitender Mensch, phlegmatische Person)
suanemål	zuletzt, damals
Sugo	(ital.) Tomatensoße
sumsn	jammern, quengeln
Sur	Gülle
Sußer	Traubenmost

T

abcdefghijklmnopqrstuvwxyz

Wörter, die Sie unter T nicht finden, stehen sicher unter D

Tåchtl	Ohrfeige, Schläge; *tåchtlen* (fest schlagen, verprügeln)
Taifl	(auch: *Tuifl*) Teufel. *Taifl noamål aini. Taiflinne!* (Schimpfwörter); *taifeln* (jemanden schimpfen).
takt	nett, umgänglich. *A takter Hëigl* ist ein netter Kerl.
taliato	(ital. *tagliato*: geschnitten, geritzt) schlau, gewieft
tamisch	(auch: *damisch*) benommen; rasend; widerspenstig, stur
Tåmpf	Dampf; Rausch (auch: *Fetzn, Hio, Tullje*)
Tante	Menstruation
Tanz	Unfug, Sonderwünsche, eigenwillige Gewohnheiten. *Måch kuane Tanz.* (Zier dich nicht so.)
Tåppr	Finger; Finger- oder Fußabdruck. *Tåpprlen* sind Spuren kleiner Kinderschritte.
Targa	(ital.) Autokennzeichen
tårtschn	mit Schlamm, Teig oder anderen breiigen Massen spielen
tåschet	(auch: *tåtschet*) ungeschickt, schwerfällig

tasig	müde, still, in sich gekehrt, schlapp
Tasn	Tannenzweige
Tatl	Schublade
Tatta	Vater, Vati (auch: *Tatti, Tata, Vatti*)
taugn	gefallen. *Des taug mr nit gåraso.* (Das gefällt mir nicht besonders.)
Tèggn	Schaden, Fehler; »Dachschaden«. *Dèr håt an Tèggn.* (Der ist dumm.)
tëibelen	modrig, alt riechen
Tëigl	(auch: *Tegl*) Gefäß, Becher; *Tëigele* (Schüsselchen, kleiner Behälter)
tëigl(e)n	viel Alkohol trinken (auch: *tschechern, pippln*)
Tëit	Taufpate, Pate; *Toute, Touta* (Taufpatin)
tèppet	unklug, dumm, verrückt
Terrone	(ital.) Schimpfwort für Süditaliener
Tessera	(ital.) Ausweis, Abonnement (öffentliche Verkehrsmittel)
tian	(auch: *tean, tien*) tun
tilt	kaputt. Wenn etwas *in tilt gången isch*, dann ist es kaputt geworden.
Tippl	Geld (auch: *Schmatt, Tschosch*)
Tirgg(n)	(auch: *Tirk*) Mais; Geizkragen
Tirschtlan	gefüllte Teigtaschen (Pustertaler Spezialität)
tischgarirn	(auch: *tischgerirn*) plaudern

titschn	(auch: *tutschn*) schlafen, rasten, liegen
Toagåff	dummer, geistig beschränkter Mensch
toaret	taub, schwerhörig (auch: *tearisch*)
Toaschgn	(auch: *Toaschdn*) Kuhfladen; dummes Mädchen
Tolm	dummer Mensch, Tollpatsch
Toni	Arbeitsanzug, Overall
Topf(ele)	Nachtopf (auch: *Kåchl*)
Topfn	(auch: *Tschottn*) Topfen, Quark; etwas von geringer Qualität
Toppar	Sarner Hausschuhe
törggelen	(auch: *terggelen*) im Herbst den neuen Wein trinken und *Keschtn* essen
Tottl	(auch: *Todl*) bemitleidenswert gutmütiger Mensch
toul	(auch: *woltan*) ziemlich viel
Touz	Trottel, ungehobelter Mann
Traaf	Traufe, Dachrinne
traget	trächtig
Traam	Hauptbalken des Dachstuhles, Querbalken an der Zimmerdecke; Traum
Tråmpl	unbeholfene, tollpatschige Frauenperson
trankwillo	(ital. *tranquillo*) ruhig, immer mit der Ruhe
Tråppl	Falle; minderwertiges Fahrzeug (auch: *Kischt, Gråttn, Schlaider*)

tratzn	(auch: *fuxn*) ärgern (bei der Arbeit); jemanden necken
Treber	Traubenschnaps, Grappa
trensn	speicheln
Trepfl	Tropfen, *trepflen* (tröpfeln). *A Trepfl trinken.* (Ein wenig trinken.)
Treter	Schuhe. Ein *Eiertreter* ist jemand, der anderen auf die Nerven geht.
Treto(w)ar	Gehsteig, Trottoir
tricknen	trocknen
trogn	tragen; leisten können. *Nou uans trågs nit.* (Noch eines können wir uns nicht leisten.)
Truch	Truhe
Tschåch	Anstrengung, große Mühe
Tschaggl	Leinensack/Behälter zum Umhängen für die Apfelernte; alter gebrechlicher Mann
Tschaltsch	Fruchthülse, Schalenreste von Nüssen; *austschaltschn* (von der Schale befreien)
Tschaltschn	Schuhe (meist sind damit alte, ausgetretene Schuhe gemeint)
Tschåpp	ungeschickte, dumme Person. *Tschåppele* (geistig zurückgebliebener Mensch, ungeschicktes Mädchen); *tschåppet* (dumm; ungeschickt)
tschari giën	verloren gehen; in Konkurs gehen (auch: *auschnåppm, auhausn*)
Tschåsch	Geld

Tschau	(ital. *ciao*) Gruß: Hallo, Servus; Leichtmotorrad, Moped (auch: *Skuuter, Gigg*)
tscheaget	schief
tschechern	trinken, saufen (auch: *teigln, pippln*)
Tscheggl	Bauerntölpel
Tschelatti	(ital. *gelato*) Speiseeis
Tschellulare	(ital. *cellulare*) Handy
tschellwengget	(auch: *tscherwengget*) einseitig, schief
tschento	(ital. *cento*) hundertprozentig. *Sell isch amåll tschento.* (Das ist jedenfalls sicher.)
tschentrieren	(ital. *centrare*) eine Rolle spielen. *Des tschentriert iberhaupt nit.* (Das spielt überhaupt keine Rolle.)
tscheppern	klappern, donnern, zusammenstoßen
Tscherini	(ital. *cerini*) Wachsstreichhölzer
Tschess	schlechte Schulnote, ungenügend
Tschesso	(ital. *cesso*) WC; minderwertiges Moped
Tschettone	(ital. *gettone*) Münzersatzstück zum Betreiben von Spielautomaten etc., früher für Telefonmünze
Tschigg	(ital. *sigarette*) Zigarette, Kautabak. *Uane tschiggn* heißt eine Zigarette rauchen.
tschindern	knallen; schlagen, rasseln, klirren. *Verschwind, suscht tschinderts!* (Verschwinde, sonst setzt es Prügel!)
tschinggelen	nach Verbranntem riechen
Tschippl	Schüppel, Büschel; Haufen

Tschitscho	(ital. *ciccio*: Dicker) Fettwanst
tschodo	(ital. *tutto tschodo*) volle Pulle
tschopfn	an den Haaren reißen
Tschorg	(auch: *Tschårtsch*) Tölpel
Tschott(n)	(auch: *Topfn*) Topfen
Tschuem	(auch: *Tschuam*) Schaum; *tschuemen* (schäumen)
Tschugglaat	Schokolade
Tschunga	(ital.) Kaugummi
Tschuramento	(ital. *giuramento*) Schwur, militärischer Eid, Fahneneid
Tschurelen	(auch: *Tschurln*) Locken; *tschurelet, tschurlt, tschurelat* (lockig)
Tschurtsch(n)	Zapfen von Nadelbäumen
Tschutter	abfällig für Frau, Mädchen
Tuck	Bosheit. Jemandem *an Tuck untiën* heißt jemandem etwas Böses antun; *tuckn* (behindern, ärgern)
Tuffo	(ital.) Sprung ins Wasser. *An Tuffo måchn.* (Eine Runde schwimmen.)
Tullje	Rausch (auch: *Hio, Fetzn, Tåmpf*)
Tutscherle	Schläfchen. *Geah tutschn.* (Geh schlafen.)
Tutt(n)	Euter; weibl. Brust. Die *Tuttnkrags* ist der Büstenhalter.
Tutta	(ital. *tuta*) Arbeitsanzug, Overall (auch: *Toni*), Trainingsanzug

uamål	(auch: *oamål*) einmal. *Uamål isch kuamål.* (Einmal ist keinmal.)
uan	(auch: *uen, oan*) ein; *uane, uaner* (eine, einer)
uenzig	(auch: *uanzig*) einzig
umanånd	(auch: *umenånd*) herum
Umes	(auch: *Omoas*) Ameise
ummadum	(auch: *ummedumm*) ringsherum
ummer	herum; herüber; vorbei. *Dr Summer isch ummer.* (Der Sommer ist vorbei.)
ummerdruckn	herumdrücken, nicht die Wahrheit sagen wollen
ummereiern	herumnörgeln
ummerhuckn	herumsitzen
ummerlaggln	sich herumtreiben, herumlümmeln
ummerlåssn	jemanden rumschubsen
ummerluanen	sich die Zeit mit Nichtstun vertreiben
ummermachln	herumwerken, herumhantieren
ummerpassn	auf etwas oder jemanden warten
ummerplèrrn	lautstark herumjammern. *Muasch nit*

sou ummerplèrrn, i bin jå nit toaret. (Schrei nicht so, ich bin ja nicht taub.)

ummerpockn	herumspringen, herumjagen (Kinder)
ummersumsn	nörgeln, brummen, schlecht gelaunt sein
ummertaifln	wild herumtollen
ummerweibern	sich mit vielen Frauen abgeben. Ein Playboy ist ein *Weiberer*.
ummi	(auch: *onni*) hinüber
ummihaun	etwas mit Wucht irgendwohin werfen
ummihëibm	(auch: *ummilupfn*) hinüberheben; betrügen, übervorteilen. *In Sepp hom si schian ummikepp.* (Josef ist betrogen worden.)
umsuscht	(auch: *umsuntsch, umasuscht*) umsonst, vergebens
ungramt	»angeräumt«, vollgeräumt
Ungricht	Vorrichtung; (schlechter) Zustand
ungsoffn	betrunken
unlaitn	anrufen, telefonieren
unlëign	anziehen (Kleider); sich mit jemandem anlegen
unschnarrn	anschnauzen
Unt(e)rdåch	Dachboden (auch: *Dile*)
unterschi	(auch: *unterschiberschi*) kopfüber
untr	unter; *Untrhous* (Unterhose)
Urschl	unbeholfene, einfältige Frau
Utschello	(ital. *uccello*: Vogel) männl. Glied (auch: *Pimpr, Nudl, Fetzerle*)

V

a b c d e f g h i j k l m n o p q r s t u **v** w x y z

Wörter, die Sie unter V nicht finden, stehen sicher unter F

vanånder	auseinander, voneinander
Vatti	Vati, Papa (auch: *Tata, Votr*)
vëigln	koitieren; *ummervëigln* (sich abmühen)
velauter	(auch: *valauter*) vor lauter, wegen
vellig	fast
verfluacht	zornig
Vergeltsgott	Dankeschön; Gott soll es dir vergelten!
verglaggln	vertrödeln, vergeuden
vergunnen	vergönnen. *I vergunn dr an jedn Tschentesimo.* (Dein Geldbesitz sei dir vergönnt.)
verkialt	verkühlt, krank
Verkindzettel	Aushang, Informationsblatt (Kirche)
verliefern	hinauskomplimentieren, wegschicken
verpoppeln	verwöhnen
verputzn	mögen, leiden können
versamen	versäumen. *Geah lai mit, suntsch versamsch nou eppes.* (Komm mit, sonst versäumst du vielleicht etwas.)

Versteckelus	Verstecken spielen
verzupf di!	verschwinde!
Viicher	Tiere, Vieh
viichn	rasen
Vinschgerle	(auch: *Vinschger Paarln*) typische Sauerteig-Brotsorte
vourfèrtn	vorvoriges Jahr, vor zwei Jahren
vourzua	der Reihe nach

abcdefghijklmnopqrstuv**w**xyz

wachtln	winken, fächeln; hin- und herbewegen
Wadl	Wade. *Des Madl håt dicke Wadl.*
waichn	weihen; *Waichwåsser* (Weihwasser)
Waimer	Trauben. *A Tschoggl Waimer* ist eine Traube, *Waimerlen* sind Rosinen.
Wålgger	dicke Jacke aus gewalkter Wolle; Walcher
walsch	(von: *welsch*) italienisch (oft abwertend); *Walsche* (Pust. *Walischa*) Italiener. *Des Madl lèpp in dr Walsch untn.* (Das Mädchen lebt südlich von Salurn.)
wammsn	schlagen
Wåmp(m), Womp(m)	Bauch von Tieren und manchmal auch Menschen (auch: *Pånzn*)
wantln	unsicher gehen, torkeln
waschen	stark regnen (auch: *schiffen*); *waschnåss* (klatschnass). *Dr Wascht isch waschnåss zruggkèmmen.* (Der Sebastian kam völlig durchnässt zurück.)
Waschkuchl	Waschküche; dichter Bodennebel. *Di Autobun isch di reinschte Waschkuchl gwesn.* (Auf der Autobahn fand ich dichten Bodennebel vor.)

Wåssr	Wasser
Watsch(n)	Ohrfeige; *watschn* (ins Gesicht schlagen)
Wattn	Watten, ein beliebtes und typisches Südtiroler Kartenspiel
Waudl	(auch: *Waudele*) Staubfussel; Staubwedel (auch: *Waudler*); *waudl(e)n* (staubwedeln, wedeln)
wazzn	laufen (auch: *satzn, plattlen*)
Weggn	Wecken, längliches Brot
Weibez	Frau; *Weibele* (alte Frau; kleines Mädchen); *Weiberleit, Weiber* (Frauen)
weißln	ausmalen, weiß färben
welgn	rollen, eindunken
welle	(auch: *wölle, wellener, welligs*) welche, welcher, welches
Wèlli	Karte beim *Wattn* (entspricht dem Joker)
Werchtig	(auch: *Werktig*) Wochentag, Werktag; *Werchtiggwånd* (Arbeitskleidung, Werktagsgewand)
wèrn	(auch: *wearn*) werden. *Wèrd schun wiedr wèrn.* (Das wird schon wieder.)
Weschp	Wespe
Weschpa	Vespa, Motorrad
Weschtia!	(ital. *bestia*: Bestie) ein Ausdruck des Staunens; böser Mensch, Kanaille
wiach	(auch: *wiëch*) fett, üppig; überdüngt; saftig (Kuchen)

Wialschger	(Pust. *Wialischa*) Maulwurf
wiff	schlau, aufgeweckt
wimmen	Weinlese halten
Wimmerle	Pickel, Wimmerl (auch: *Suierle*)
wischl(e)n	urinieren (auch: *fetzn, prunzn*)
Wischpele	weibl. Geschlechtsorgan; Trillerpfeife; *wischpl(e)n* (pfeifen; flüstern)
Wix	Schläge; *wixn* (schlagen; onanieren)
woach	weich
woale	schnell
woasch	Weißt du?
woll	ja, wohl, doch. *Isch woll recht sou?* (Ist es so in Ordnung?)
woltan	ziemlich, sehr, viel (auch: *toul*). *Des isch a woltan a Klocker.* (Das ist ein ziemlicher Brocken.)
Wöppahöttl	(Pust.) Spinnennetz
Wousnhottl	Kröte
Wukomprá	(ital. *vu comprà*) Kaufaufforderung; Bezeichnung für nordafrikanische Wanderhändler (auch: *Marokkino*)
Wurz	Wurzel
wusln	wimmeln. *Do wuselts ve lauter Umessen.* (Hier wimmelts vor Ameisen.)
Wuzale	(auch: *Wuzele*) kleines Kind
Wuzl(e)n	drehen (Zigarette); sich durchdrängen

za, ze	zu
zach	widerspenstig, zäh, schwierig; betrunken
Zåggler	Penner, Vagabund; nachlässig gekleideter Mensch
zaiserscht	zuäußerst
zåmm	zusammen
zåmmgebm	kirchlich trauen; sich prügeln
zåmmlempern	kleinweise zusammenkratzen
zåmmpikkn	zusammenkleben. *De zwoa Madln pikkn in gånzn Tog zåmm.* (Die zwei Mädchen sind immer zusammen.)
zåmmscheißn	jemanden niedermachen, schimpfen (auch: *zåmmstauchn, zåmmtaifln*)
zåmmtschindern	(auch: *zåmmtuschn*) zusammenstoßen. *Mir sain sou zåmmgetschindert, dass i di Stearn gsegn hån.* (Wir sind so heftig zusammengestoßen, dass ich die Sterne gesehen habe.)
zåmp	mitsamt, zusammen mit. *Di Putzn zåmp Stingl essen.* (Das Kerngehäuse des Kernobstes samt dem Stängel aufessen.)

zan	(auch: *zen*) zum
zånnluckad	(auch: *zånnlucket*) mit einem fehlenden Zahn. Nach dem Essen braucht man *Zånnstirgger* (Zahnstocher).
Zeach	Zehe (auch: *Zeachn, Zeachnt* oder *Zechn*)
zeberscht	(auch: *zëiberscht*) ganz oben. *Zinderscht ischs Gegentoal von zeberscht.*
Zegger	Korb, Einkaufskorb
zehiëgerscht	ganz herüber
zèmm	(auch: *zèm, sèm*) damals; dort; dann
Zèn(t)	Zähne; Cent (Währungseinheit)
zènderscht	ganz drüben
Zèpf	Landpolizist, Gendarm (auch: *Putz, Karpf, Bulln*)
zèrscht	vorher, Erster sein. *I bin zèrscht gwesn.* (Ich war zuerst hier.)
ziachn	(auch: *ziëchn*) ziehen
Ziachorgl	(auch: *Ziechorgl*) Ziehharmonika
Ziëcher	Rausch. *Håsch an Ziëcher?* (Bist du betrunken?)
Zigori	frischer junger Löwenzahn (wird als Salat verwendet); *Zigoristechn* (jungen Löwenzahn sammeln)
zinderscht	(auch: *zinterscht, zintrigscht*) ganz hinten, ganz unten. *Zinderscht ischs Gegentoal von zeberscht.*
zintln	zündeln

Zio!	(ital. *zio*: Onkel) Schimpfwort; wird beim Fluchen gern und häufig eingesetzt: *zio fungo, zio kane, zio porko*.
ziwås(n)	(auch: *zuwås/n*) wofür, wozu
znicht	grob, boshaft, böse; *a znichts Kind* (ein böses Kind)
Zoager	Zeiger (Uhr); *zoagn* (zeigen)
Zoch	Mann (Pust.: grober Mann); s. *Pfott*
Zokkoli	(ital. *zoccoli*) Holzpantoffel
zopfn	Zöpfe flechten
Zottln	(auch: *Zoutn*) ungepflegte, lange Haare
Zuggerle	Bonbon, Zuckerl
Zull	Maikäfer
zuzzlen	(auch: *zuzzln, suzzln*) saugen, säugen, nuckeln
zweg	(auch: *zuweg*) daher, »zu Wegen«; *zwegkemmen* (daherkommen, erscheinen); *zwegbringen* (eine Leistung erbringen)
Zweschgn	(auch: *Zweschpm*) Pflaumen
Zwifl	Zwiebel
zwifln	ärgern, schikanieren, sekkieren
zwitschern	zwitschern; trinken. *Giam'r a Birl zwitschern?* (Gehen wir ein Bier trinken?)

Eine besondere Geschichte

Jüngere Südtiroler Geschichte
Nachdem das Kaiserreich Österreich-Ungarn den Ersten Weltkrieg verloren hatte, wurde Südtirol 1918 von Italien annektiert. Die zu 90 Prozent deutschsprachige Bevölkerung fand sich plötzlich in einem sprach- und kulturfremden Land wieder. Mit dem Aufstieg und der Machtübernahme der Faschisten in den 1920er-Jahren begann eine Phase der gewaltsamen Unterdrückung. Durch Ortsnamensänderungen, durch die Einführung des Italienischen als Amtssprache und durch das Verbot deutscher Schulen sollte die Südtiroler Bevölkerung ihrer Sprache und Kultur entledigt werden. Zudem wurde die Ansiedelung italienischer Familien massiv vorangetrieben. Südtirol hieß nunmehr »Alto Adige« (Oberetsch). Die Südtiroler/innen erwiesen sich aber nicht als leicht assimilierbar und lehrten ihre Kinder in den so genannten »Katakombenschulen« heimlich und unter großen Risiken die deutsche Schriftsprache.
Im Zweiten Weltkrieg symphatisierten viele Südtiroler/innen mit Hitlers Idee vom Deutschen Reich und hofften darauf, von ihm aus dem Joch der italienischen Faschisten befreit zu werden. Hitler und Mussolini einigten sich jedoch auf eine Zwangsaussiedelung (als »Option« bekannt). Über 80 Prozent der deutschsprachigen Südtiroler Bevölkerung »optierte« für die Abwanderung in neue Siedlungsgebiete im Deutschen Reich, aber nur ein geringer Teil davon verließ Südtirol tatsächlich.
Nach dem Ende des Zweiten Weltkriegs kam zunächst Hoffnung auf eine Wiedervereinigung Tirols auf. Doch für die Siegermächte kam diese nicht in Frage, weil man Südtirol aus geopolitischen Gründen möglichst weit vom

Eisernen Vorhang entfernt wissen wollte. 1946 wurde das Pariser Abkommen – nach den damaligen österreichischen bzw. italienischen Außenministern als Gruber-De-Gasperi-Abkommen benannt – unterzeichnet. Es räumte den Südtiroler/innen eine Regionalautonomie ein, deren Umsetzung in der Folgezeit von Italien untergraben und verzögert wurde. Mit Unterstützung der Schutzmacht Österreich versuchte die 1947 gegründete Südtiroler Volkspartei (SVP) in den 1950er- und 1960er-Jahren in Verhandlungen und unter Anrufung der UNO mit Hilfe des österreichischen Außenministers Bruno Kreisky im Jahr 1959 eine Verbesserung der Autonomie zu erzielen. Demonstrationen und Bombenattentate begleiteten die Verhandlungen, bis 1969 das Südtirol-Paket abgeschlossen wurde. Es dauerte weitere 23 Jahre, bis alle Autonomie-Bestimmungen umgesetzt waren und der Streit zwischen Italien und Österreich in der Südtirol-Frage 1992 vor der UNO in New York endlich offiziell beigelegt werden konnte. Wenig später fielen die Grenzen am Brenner, weil nun beide Länder der EU angehörten.

Sprachraum
Das Gebiet des heutigen Südtirol ist seit mindestens 3300 Jahren besiedelt, wie der Fund des Ötzi – der mit Sicherheit nicht deutsch gesprochen hat – beweist. Lange nachdem Ötzi am Hauslabjoch von einer Pfeilspitze getroffen wurde, vermischten sich hier die Kelten (Räter) mit den Römern. Noch heute leben einige tausend Ladiner – die Nachfahren der Räterromanen – in einigen Seitentälern (Grödner Tal, Gadertal). Seit der Besiedelung der Bajuwaren im 6. Jahrhundert werden im Gebiet des heutigen Südtirol deutsche Mundarten gesprochen, die sich zu einem großen Teil aus dem Bairischen ableiten.

Schreibweise

Im Sinne der Leser/innen wurde versucht, ein möglichst gewohntes und dem Hochdeutschen angenähertes Schriftbild umzusetzen. Die Niederschrift ist ausspracheorientiert. Von der im Hochdeutschen üblichen Schreibweise wurde nur im Falle von *å* (*Råtz*/Ratte im Gegensatz zu *Rotz*/Nasenschleim) und *è* (*Wèlli*/Joker im Gegensatz zu *welle*/welcher) abgegangen. Aufgenommen wurde auch *ë* (getrennt zu sprechendes »e« in Diphthongen wie bei *Knëidl* im Gegensatz zu »Kleid« im Hochdeutschen). Auf Varianten und Besonderheiten innerhalb Südtirols wurde nur dann hingewiesen, wenn ein Wort exklusiv vorkommt, nicht jedoch, wenn es nur geringe Abweichungen im Wortstamm (z. B. *gian*, *gien*, *gean* für »gehen«) oder den Endungen (z. B. *Nåchber*, *Nåchper*, *Nåchbr* für »Nachbar«) gibt.

Da dieses Büchlein zwar fundiert ist, aber nicht von *Piniolos* gemacht wurde, erhebt es keinen Anspruch auf Vollständigkeit und Wissenschaftlichkeit: In manchen Gegenden wird vieles unterschiedlich ausgesprochen, anderes musste aus Platzgründen weggelassen werden – aber da das Buch vor allem unterhalten soll, haben wir uns das erlaubt …

Abschließend geht ein Dank an unsere Familien, Freunde und Bekannte, die unverzichtbare Wörter beigesteuert haben, und an Markus Mascelli für seine Hilfe.

Abkürzungen
ital. = italienisch
franz. = französisch
engl. = englisch
Pust. = Pustertal
ugs. = umgangssprachlich
Südt. = Südtiroler

Literatur

Tscholl, Josef: Die Südtiroler Mundart in Wortschatz und Struktur. Brixen, 2001.
Demetz, Hanspeter: Lexikon Südtirolerisch – Deutsch. Bozen, 1996.
Schatz, Josef: Wörterbuch der Tiroler Mundarten 1955/1956 bzw. 1993 (Nachdruck).
Egger, Kurt/Lanthaler, Franz (Hrsg.): Die deutsche Sprache in Südtirol. Einheitssprache und regionale Vielfalt. Wien/Bozen, 2001.
Gemeindeblätter